国家出版基金项目 | 世界女子高等教育及大学女校长研究
教育部人文社科重大委托项目

世界大学女校长◆女子大学丛书

总顾问：陈至立

编辑委员会

主　　任：刘继南

委　　员：（按姓氏笔画排列）

才　华	山红红	马延军	王温凤	王路江
成嘉玲	吕志胜	刘利群	杨　孟	杨新育
邹晓巧	张李玺	张秀琴	陈乃芳	陈维嘉
胡正荣	袁　军			

（按英语字母排列）

Fay King Chung（朱慧琼）

Gülsün Sağlamer（居尔松·萨拉莫）

Judith Kinnear（朱迪斯·甘丽雅）

Marvalene Hughes（玛维琳娜·秀茨）

Noriko Mizuta（水田宗子）

文学指导：赵凤翔

审读专家：尹廉钊　李晓华　杨旭东

世界大学女校长●女子大学丛书
Series on World Women University Presidents & Women's Universities

国家出版基金项目
NATIONAL PUBLICATION FOUNDATION

印度大学女校长
Women President of Indian Universities

郑丹琪 著

中国传媒大学出版社
Communication University of China Press

总　序

百年大计，教育为本。世界各国的经验表明，强国梦必须有科教梦作支撑。科教兴国，是中国的基本国策，是从教育大国到教育强国、从人口大国到人力资源强国的必由之路。高等教育处于教育体系的顶端，是联结科技与教育的重要桥梁。衡量一个国家科技和教育水平的高低，在很大程度上要看这个国家高等教育的水平。

回顾大学的发展历史，我们不难发现，一所大学办学质量的高低，往往取决于校长的水平。世界著名大学发展的每个重要阶段，都铭刻着大学校长的办学理念和思想，正如艾略特之于哈佛大学，蔡元培之于北京大学，梅贻琦之于清华大学。研究大学校长的办学理念和思想，是管窥一所大学兴衰成败的途径，而专门研究大学女校长，则独辟蹊径，别开生面。

中国现代教育史上，大学校长虽以男性居多，然而成就卓著的女校长也不乏其人。她们推动了大学的变革，丰富了大学的精神内涵，如金陵女子大学老校长吴贻芳，复旦大学前校长谢希德，东南大学前校长韦钰，同济大学前校长吴启迪，等等。女校长人数虽然屈指可数，但其业绩丝毫不逊于男性同行。大学女校长为高等教育的发展注入了活力，做出了贡献。大学女校长的治校理念、办学风格乃至传奇的职业生涯，确实值得深入研究和细致品味。

女子大学是高等院校序列中的一种特有形式，为世界高等教育的发展做出了重要贡献。著名的女子大学，如韦尔斯利学院、史密斯学院、淑明女子大学、日本女子大学、御茶之水女子大学，以及中国历史上的金陵女子大学、北京女子师范大学、华南女子大学等，都写下了光辉的篇章，是世界高等教育的重要组成部分。研究世界各国女子大学，总结提炼女子高等教育的办学经验和人才培养模式，探索现代女性接受高等教育的多样化形式，对于寻求符合女性特质的教育理念和教育方法，应该说是一种有益的尝试。

由中国传媒大学承担的教育部重大委托项目——"完善中国现代大学制度视域中世界女子高等教育及大学女校长群体研究"课题，对以上两个领域进行了系统深入的研究。"世界大学女校长·女子大学"丛书，就是这一课题的主要成果。这套丛书分为四个系列：女子高等教育系列，考察全球女子高等教育的发展轨迹，呈现其办学传统和教育特色；中外大学女校长个案研究系列，以人物传记的形式深度追踪大学女校长的人生经历，剖析她们的成长历程、心智历练、办学理念和治校方略；女校长群体研究系列，群像式描绘某一国家或地区的大学女校长群体，彰显女校长个性的同时，探寻她们的共性；"世界大学女校长论坛"图文集锦系列，汇集展示了大学女校长在历届论坛上的真知灼见和绚丽风采。四个系列，四十余本，蔚为大观。

"世界大学女校长·女子大学"丛书，也是"世界大学女校长论坛"历时十三年深入研究高等教育及女性培养结出的硕果，是深化论坛主旨、促进女性事业和教育事业发展的学术行动。丛书的写作，依托"论坛"这一平台，深度访谈和研究了参加历届论坛的大学女校长，系统整理了多年积累的学术成果，可以说，"论坛"既是女校长们交流合作的舞台，也是本套丛书得以出版的重要基础。

自1995年北京第四届世界妇女大会召开以来，世界妇女运动取得了长足的进展，性别平等的高端主题——女性领导力，也已经是全球关注的议题，与女性学相关的课程在中国高校已经四处开花。今天，有识之士都深刻认识到，女性在社会各个领域的创造力和领导力，是推动社会全面发展的动力之一，也是人类文明进步的重要标尺。"世界大学女校长·女子大学"丛书，对于提升女性领导力，具有重要的参考价值，对于知识女性的成长具有积极的引导意义。

大学女校长是高等教育、女性、领导力的集结点，是知识女性的杰出代表，是自尊、自信、自立、自强的典型，她们不但为高等教育的发展做出了应有的贡献，更以自己坚忍顽强、宽厚包容、无私奉献的品质与情怀，阐释了女性领导力的独特内涵。对于广大女性来说，她们是教育典范和女性楷模，具有榜样的力量和示范的价值，定能引领青年女性沿着正确的道路勇敢前行。

女性的发展，既需要社会各方面的支持，更需要女性自身具备积极进取的意志和宽广博大的胸怀。希望丛书的研究成果能产生广泛和深远的影响，为女性高等教育提供宝贵借鉴，为精英女性的成长与成功给予智力支持；促进全社会更加重视女性平等的教育接受权和职业发展权；激励正在为打破"玻璃天花板"而奋斗的新一代女性，为女性领导力的培育与提高奠定坚实基础。

是为序。

前　言

我在中国传媒大学工作近五十年，其中有三十多年在学校领导岗位上任职。这些经历让我有更多的机会体悟、思考女性接受高等教育的重要、女性走向领导岗位的不易。

早在1996年，我即萌生组织世界各国为数不多的大学女校长进行交流合作的想法，但当时忙于学校的学科建设和转型，这一想法被搁置下来。直到2001年，在诸多同事的帮助下，我才将这一构想变成现实，召开了大学女校长"新世纪高等教育发展战略国际论坛"。此后论坛每隔两至三年举办一次。2006年，论坛挂靠中国教育国际交流协会，组建了世界大学女校长论坛组委会，负责论坛的筹划、组织工作；2009年，在江苏有关部门的关心和支持下，成立了江苏中外大学女校长教育发展基金会，为论坛筹集资金。迄今，世界大学女校长论坛已在中国北京、南京、厦门举办五届，并在新西兰、日本、美国、土耳其、津巴布韦和墨西哥等地召开六次分论坛，吸引了来自79个国家的大学女校长，共800余人次。

十年来，在与各国大学女校长的交流互动中，我深刻地感受到，女性在高等教育领域作为决策者和领军者可谓凤毛麟角，其人生历练和办学实践值得浓墨重书。翻阅每位女校长的简历、细读她们给论坛提交的论文，总能激起我发自内心的共鸣，赞佩她们的治校理念、管理智慧和人格魅力。每一位女校长都拥有鲜为人知的心路历程、卓尔不凡的领导能力与永载史册的辉煌业绩。

我的一位好友、著名女性传记作家赵凤翔教授曾说:"女人要写女人。"这给了我很大启发——女校长要研究女校长。追溯大学女校长成长、成才、成功的道路,总结女性领导力的形成规律和独特优势,开展大学女校长及女性领导力研究,出版相关研究成果,就成为"世界大学女校长论坛"活动的自然延伸。

2010年,我们筹划设立了"完善中国现代大学制度视域中世界女子高等教育及大学女校长研究"课题,组织来自中国传媒大学等单位80余人的研究团队,选定34个国家80余位大学女校长,进行个案研究和群像描绘;对23个国家的女子大学进行历史梳理与全面考察。2011年,这一课题获得教育部人文社科重大委托项目立项;2013年,由该课题主要研究成果结集而成的"世界大学女校长·女子大学"丛书,获得国家出版基金资助。

这套丛书由四个系列组成,具有三个鲜明特点。四个系列分别为:女子高等教育系列、中外大学女校长个案研究系列、女校长群体研究系列和"世界大学女校长论坛"图文集锦系列。其三个特点为:一是全景式描述。丛书对世界范围内大学女校长及女子高等教育,首次进行比较全面的观照和挖掘。女校长研究既有共性的揭示与比较,又有个性的剖析与呈现;女子高等教育研究既有全球视野的巡礼,又有具体国别的探究。二是人物传记式的写作方法。丛书以访谈当事人、发掘第一手资料为基础,研究和写作的过程力求再现传主的人生轨迹、突出其办学理念和治校业绩。三是可读性强。传主的真知和作者的匠心历历可见,读者能够在图文并茂中感受到智慧和灵感的融会。

这套丛书是对女性通过教育追求真善美、通过自身努力彰显智仁勇的真实颂扬。著名女作家冰心曾说:这个世界如果没有女人,就会失去十分之五的真、十分之六的善、十分之七的美。女性不仅是真善美的化身,也应是智仁勇的写照。阅读这套丛书,我们可以了解到,女性如何通过交流互鉴,凝聚智慧、取得共识;体认困境,直面现实、自立自强;付诸行动,同心同力、坚持不懈。

这套丛书是对"女性是改造世界的温柔力量"的生动诠释。置身于男性居主导地位的社会管理体系中,女性要取得成功,需要充分展现女性特质,发挥女性优势,要以女性特有的视角观察、思考、解决问题。阅读这套丛书,我们可以看到女校长们如何在战略决策上,高瞻远瞩、运筹帷幄、引领未来;在具体工作中,体贴入微、心系师生,用愿景激励师生,用行动示范师生,用厚德包容之心协理校务;在领导风格上,追求完美和精致,重视以人为本,在管理中实现个人的发展与事业发展的契合。

这套丛书是对高等教育及大学女校长社会价值的全面展示。众所周知,高等教育是形塑社会结构及价值体系的重要载体,大学校长是具有社会象征、示范和引导意义的特殊群体。女性接受高等教育、女性担任大学校长,在改变高等教育生态的同时,也在潜移默化地影响着社会结构变迁、家庭角色分工、社会责任担当、时代价值导向。阅读这套丛书,我们可以看到女子高等教育和大学女校长的发展历程,正是社会不断进步、两性趋于平等的见证,而她们成长的艰辛和不易,也呼吁现代社会迈向更加平等、公正、和谐的完善之路。

丛书已然油墨飘香,感激的话语也充溢心头。感谢江苏中外大学女校长教育发展基金会为项目提供启动经费,感谢教育部将此课题列为人文社科重大委托项目,感谢国家新闻出版广电总局提供国家出版基金资助。特别感谢十一届全国人大常委会副委员长、第十届全国妇联主席陈至立女士担任项目和丛书的总顾问,并欣然作序。

感谢这套丛书的传主、作者和编审们。他们在繁忙的本职工作之余见缝插针,千方百计,保证了任务圆满完成。传主们倾力支持、积极配合;作者们夜以继日,数易其稿;编审们孜孜不倦,精益求精。这种认真负责的精神,令人感叹。课题跨越四载,屡遭挫折,历尽艰辛,常常使我们困扰于"山重水复疑无路",而殚精竭虑之后的新意迭出,又使我们惊喜于"柳暗花明又一村"。我相信,不久的将来,作者之中定会有著名的传记作家、女性研究专家脱颖而出。

感谢中国传媒大学文科科研处、出版社,为项目的完成和丛书的出版提供了有力保障。丛书煌煌五十本,从策划、组织、申报、撰写到编辑、装帧,学校教师及出版社职工都是主力军,都是可靠、堪用、高效的突击队。如今项目和丛书按期完成、保质保量出版,我要向他们衷心致谢!

任何一项事业,都是"一人启其端,百人扬其华"。我只是一个组织者、牵线者,项目得以完结、丛书得以问世,应归功于各位热心的支持者、参与者。让每一位年轻的女性都能自由地筑梦、勇敢地追梦、幸福地圆梦,是我最乐意为之奔忙的事业。我们期待,有更多的有识之士能参与到这一有意义的工作中来。

刘继南

瓦苏达·卡马特（Vasudha Kamat）

出生于孟买，印度SNDT女子大学副校长，教育学博士，印度著名教育家和社会活动家，投身教育领域已有40年（1971-2011）。曾任印度人力资源与开发部的课程监测和评估组成员、国家教育研究和培训委员会中央教育技术协会联合理事、SNDT女子大学教育技术系主任等职，在教育技术、教育信息与通信技术领域做出了杰出贡献，并长期致力于农村重建和教育工作。曾获马哈拉施特拉邦政府"最佳教师奖"、富布莱特高级研究奖学金、国际扶轮社奖学金等荣誉，并为各种国内和国际组织机构指导过多项主题研究，多次参加国际学术会议及论坛，2005年受邀作为联合国教科文组织的国家代表参加在法国巴黎举办的世界教师节庆祝活动。

吉萨·巴丽（Geetha Bali）

生于1949年12月14日，卡纳塔克邦女子大学（KSWU）校长，印度著名生物学家，1970年获得班加罗尔大学动物生理学硕士学位，1975年获得班加罗尔大学神经生理学博士学位，2001年当选印度国家科学院院士。曾任班加罗尔大学动物学院教授、班加罗尔大学微生物与生物技术学院院长、印度科学大会协会第九十九任大会主席，在昆虫生理学、神经生理学、神经行为学、分子生物学和纳米技术等领域均有所建树，参与了印度大学拨款委员会（UGC）和印度科学技术部（DST）以及印度主要的国家研发机构——科学工业议会（CSIR）出资的多个科研项目。2008年，吉萨·巴丽被卡纳塔克邦政府任命为卡纳塔克邦女子大学校长，期间展示出卓越的管理才能。在她的领导下，卡纳塔克邦女子大学在包括创新性教学计划、学术科研、基础设施建设、学校形象推广、推动女性赋权运动等各方面都取得了卓越的进步，校园面貌焕然一新，获得了印度教育界的充分认可，并吸引了来自世界各地的关注。

塔瑞塔·麦汉代尔（Tarita Mehendale）

英迪拉教育集团主席，拥有艺术学和法学学位，并于2011年在昌迪加尔被奇特卡拉大学授予管理学博士学位。她于1994创办了旨在为年轻人提供连续性教育的英迪拉集团，如今她已带领英迪拉集团发展成为一个涉及多层次学习的教育机构。英迪拉集团拥有13个下设院校，规模从浦那（Pune）扩展到印多尔（Indore）和新孟买（Navi Mumbai），拥有超过8,000名的学生，该集团不仅改变了浦那当地原有的教育状况，其影响力也几乎遍及整个印度，是公认的管理教育的先驱，获得了业内和社会上的一致好评。塔瑞塔曾出版了一本题为《伟大女性的伟大话语》的言论汇编；2009年2月她自己写作并出版了另一本书，题为《领导者的耳语》。

目　录

开篇：印度印象 —— 001

第一篇　瓦苏达·卡马特 —— 013
　　我眼中的卡马特：爱、理解与交融 —— 015
　　从女孩到女人：活出生命的价值 —— 033
　　在教学中成长：且行且珍惜 —— 050

第二篇　吉萨·巴丽 —— 065
　　初识巴丽：与智慧邂逅 与爱相约 —— 067
　　教学相长：痴迷研究的女科学家 —— 090
　　临危受命：魄力十足的女校长 —— 112

第三篇　塔瑞塔·麦汉代尔 ———— 143

　　塔瑞塔：美丽心灵　闪亮人生 ———— 145

　　塔瑞塔和她的英迪拉教育集团 ———— 156

参考文献 ———— 184

后　记 ———— 186

开篇：印度印象

借由"世界大学女校长论坛"的契机，我有幸得以接触几位来自印度的杰出女性。她们是印度几所知名高等学府的领导者，在高等教育领域享有较高的声誉，并获得了卓越的成就。对我而言，她们既是传主，又是师长。我带着一颗虔诚的心，满怀崇敬地采访和撰写了她们的故事。

"世界大学女校长论坛"是在中国传媒大学名誉校长、世界大学女校长论坛组委会主席刘继南教授的带领和指引下，由中国传媒大学发起的，旨在汇聚世界各国大学女校长的力量，搭建交流合作、分享智慧的国际平台。刘继南教授在中国传媒大学工作了40年，凭借锲而不舍的精神和富有开拓性的远见卓识，带领学校从一所普通的传媒类专业院校成长为在社会上享有较高知名度的"211工程"重点综合性大学，是学校实现跨越式发展的重要奠基人。她以自己的亲身经历告诉我们，大学女校长是高等教育发展中的一支重要力量，她们用女性特有的角度观察问题、思考问题、解决问题，她们善解人意、刚柔相济、细致周到、耐心热情，形成了一种独特的治校风格，这一观点也得到了来自世界各国女性高等教育者的支持和赞同。自2001年以来，世界大学女校长论坛已经成功举办了4届，先后吸引了世界各地52个国家的600余位女校长参与，是目前世界范围内具有广泛影响力的、以大学女校长为主体的品牌论坛，是高等教育界耀眼而夺目的国际化舞台。

本书所写到的三位印度的大学女校长都是历届论坛的受邀者，在我看来，她们同刘继南教授一样，其经历和成就为我们很好地诠释了作为一名女性领导者在高等教育领域的特殊风范。同时，由于她们来自一个对我们来说相对陌生的国度，除了印象中载歌载舞的宝莱坞电影和五彩斑斓的纱丽服，我对它几乎一无所知，于是，我在懵懵懂懂中开始一边查资料，一边小心翼翼地与受访者接触。在她们的身上，我们可以看到古老的印度文化散发出来的浓浓底蕴，亦可感受到现代化的印度如何在全球化过程中建立和实现本国的地位和价值，因此，与三位智者的沟通交流也成了我们了解印度社会、经济、政治和文化状况的一扇窗。

如果不是特意去了解，我们对于很多事都永远只有一个模糊的印象。正如我对印度的印象一直停留于此，"六千公里的远方，河水流淌或灿烂星光，有人在清晨或暮色里向你歌唱，有人在晨曦里落日里沐浴中走向恒河，每一张面孔都闪烁着信仰的光"。由于急于深入了解采访对象所处的世界，我自然地对她们所在的国家产生了好奇，希望揭开印度这个古老国度的神秘面纱。偶然间看到马克·吐温说过的一句话，"印度，你只要看一眼就永远也忘不了，因为它同世界其他地方都不一样"，那么，这片土地究竟有什么魅力呢？

历史上，中国对印度的称呼几经改变。西汉的时候称呼其作"羌独"（汉语拼音：qiāng dú），东汉时称为"天竺"，后经唐代的玄奘法师仔细研究后，放弃了"天竺""身毒""贤豆"这些名称，根据当地发音改称其为"印度"。"印度"的国名源于信度河。古代印度人原以"信度"这个词来称呼河流，也就是印度河流域，后来发展到代表整个南亚次大陆地区，印巴分治以后就单指印度这个国家了。

伟大的印度古文明横亘于喜马拉雅山脉的西端，从北部的喜马拉雅山一直向南直伸入印度洋，中部是印度河——恒河平原，南部是德干高原及其东西两侧的海岸平原。印度洋的上升暖气流让这里雨水充沛，印度被马可波罗称为"地球上最灿烂的省份"。充沛的河水灌溉了肥沃的恒河流域，赐予它丰收的每一年。印度面积297.47万平方公里，有29个邦、6个联邦属地和德里国家首都辖区，有18种地方语言，在部落中还有着250种方言，民族众多，宗教差异巨大。提到宗教，印度是全世界宗教气氛最浓的国家之一，有5种主要宗教，素有"宗教博物馆"之称，世界两大宗教——印度教和佛教均发源于此，也有很多虔诚的信徒属于伊斯兰教、基督教、耆那教和锡克教等。走在印度街头，随处可以看到来往的僧侣，他们吃着仅供果腹的食物，依靠纯粹的信仰的力量行走在这个国度，观察着世间变幻莫测的一切。在印度，处处有神庙，处处有神坛，来往经过的行人不管是哪个宗教的，都会进去祭拜一番。在街头常能看到信徒席地而坐，听祭司诵经传道。印度人对宗教信仰十分宽容，即使是外族，也可以与他们一起分享神的沐浴。印度人的生老病死也全部和宗教相关。

大部分印度人都信仰宗教，其中占绝对优势的是印度教，83%的印度人口是印度教教徒，印度教是多神教，其供奉的神多到令人难以置信的程度。印度教的经典繁多，教义也十分繁杂，充斥着各种看似矛盾却共生共存的理念。对于神明，既有人崇拜它，又有一些人信奉无神论。印度教提倡禁欲，但又不限制人纵欲和享乐。其实印度教的这种多样化是印度次大陆多民族的信仰、习俗和生活方式相互融合在实际生活中的一种体现。正如马克思所说，这个宗教既是纵欲享乐的宗教，又是自我折磨的禁欲主义的宗教；既是林加（男性生殖器）崇拜的宗教，又是扎格纳特①的宗教；既是和尚的宗教，又是舞女的宗教。虽然看上去印度教的组织形式比较松散，难以统一，但"种姓制度"这种独特的社会组织形式是恒定的。种姓制度决定了印度的社会分隔与等级制度，约束不同等级人们的饮食与社交规范，规定不同集团的习俗和宗教权利，规定各种姓的职业世袭制度以及种姓内的婚姻制度。

由于受到宗教的影响，印度保留的传统文化比中国要完整得多，与中国从乡村到城市的全面西化现象相比，印度在很多方面依旧保持着传统的风俗习惯。和中国一样，印度也是大河文明的孩子，对于"圣河"恒河，印度人有一种特殊的崇拜与眷恋，出生时要接受恒河水的洗礼，祈祷时要在恒河沐浴、洗清罪恶，生命完结时要在恒河边进行火葬、回归大地。印度人的一生都离不开养育他们的河流。

走在印度的街道，你会发现这是个颜色的国度——僧侣们红色的袈裟、祭司们橙色的袍子、妇女们五颜六色的纱丽服，看到这些常

---

① 扎格纳特：印度神祇。

常会让人想到泰戈尔的诗，那么飘逸，那么雅致，充满了永恒的生命力。以紫色、橙色、金色、咖啡色等高贵色系为主的印度服饰，既有宫廷气质，又极富地域风情，神秘而妖媚。西方的设计师们常常会从印度的服饰文化中寻找灵感，印度服饰艳丽的色彩、神秘的彩绘，以及特色鲜明的头饰和首饰，都有着无穷的启迪价值。

吉祥痣也是体现印度文化特色的标志之一。每逢喜庆节日，印度人常用朱砂在前额两眉中间涂上一个圆点，以驱邪避灾。有的印度父母还会挑选吉日，请僧侣专门给女儿点吉祥痣，祝愿她终身幸福。现在，吉祥痣也成了印度妇女日常装扮的一个组成部分。在印度，生活再穷困的妇女也化妆，朱红色的一点配在暗色的肌肤上，人一下子就变得妖娆起来。按照传统的方法，点吉祥痣时要将朱砂、糯米和玫瑰花瓣等原料捣成糊状，点在前额的眉心。据说，这本来是一种宗教符号，可以消灾避邪。印度古代的瑜伽学者认为，前额的眉心是人的生命力的源泉，必须涂药膏加以保护，因此，至今仍有不少印度教苦行僧在前额点上吉祥痣。除此之外，印度妇女全身上下佩戴的首饰也为她们增添了许多色彩。尤其是鼻环，在女子出嫁时，新娘必须要戴；虽然痛苦，但非常美丽。

的确，美都是要付出代价的。我们所看到的鹿眼咖啡色美女虽惹人怜爱，但若是知道她们所遭受的苦难，估计好多女子都不希望这样做了。最为典型的例子是印度著名的泰姬陵墓主人泰姬·玛哈尔的故事。泰姬·玛哈尔原名姬曼·芭奴，这个来自波斯的外籍女孩17岁嫁给沙贾汗国王，入宫19年，36岁随沙贾汗出巡时死于难产，那是她生第15个孩子时。她从入宫第二年开始基本每年生一个孩子，一直到36岁去世。在她所生育的14个子女中，存活的只有4男3女。

沙贾汗因为妻子的离世一夜白头，于是举国之力，消耗了无数的钱财和人力物力，用22年的时间为爱妻建造了这座爱情殿堂。如世人所说，在泰姬陵，爱情的力量震撼了所有的人。痴情的沙贾汗国王本来想在河对面再给自己造一个一模一样的黑色陵墓，两墓之间用半黑半白的大理石桥连接，寓意穿越阴阳两界，死后能与爱妃相对而眠。但还未完工，这个计划就在皇室的纷争中被终止。他的儿子弑兄杀弟篡位，将其囚禁在阿格拉堡，此后整整8年里，沙贾汗都只能隔河相望爱人的陵墓。这是一个伟大、感人的故事，但我们似乎只被国王的痴情感动了，却忽略了那位女子每日的操劳、无休无止的孕育以及经历生与死的折磨。

在印度，女性的社会地位普遍较低，这一社会现实到了21世纪的今天仍没有太大改观。在以种姓为尊的奇特社会里，高种姓的女子相对而言可以获得更多的尊重和更大的自由；而低种姓的女子，尤其是生活在偏远农村的，不但一出生就被嫌弃，没有上学的条件，连婚姻都是被包办的。20年前还发生过印度女子因不遵从包办婚姻而被处以死刑的事情。低种姓的女子出嫁时要准备丰厚的嫁妆，嫁人后沦为干活的机器，不能单独见人，尤其不能见丈夫以外的男人，她们包下家里全部的粗重活计，还有可能遭受丈夫家人的虐待。走在印度的大街上，人们常常能看到凑在一起聊天的男人，而不远处就是背着孩子去挑水的女人。

虽然传统观念没有太大改变，但印度还是飞速发展起来了。尤其是在独立后，一系列的改革措施使得印度的经济获得突飞猛进的发展。印度和中国一样，是世界上发展最快的几个发展中国家之一，一些大城市完全看不到破败的痕迹，农业方面由粮食严重短缺到基本能够自给自足，工业方面形成了较为完整的工业体系。20世纪90年代以来，印度的服务业发展迅速，在GDP中所占比重逐年上升。凭借许多高科技领域的人才优势，通过为发达国家提供软件、金融、科技信息技术领域的外包服务，印度成了高新技术的重要出口国，彻底改变了欧美国家过去对印度的印象和评价，成功地吸引了大批跨国研发中心和外籍印度人去印度投资，也改变了印度人对其自身潜力的认知，以上这些变化对培养印度国民的科学自信有着巨大的推动作用。除了信息技术，印度还确立了以生物技术为重点的研究领域和发展方向，这一领域的研发投资数量正在以惊人的速度攀升。2005年3月，印度科技部部长称赞生物技术是印度科学领域的"最佳击球手"，并且认为生物技术有助于改善印度的卫生保健系统，更好地为人们提供支付得起的卫生保健条件，改善印度的贫困状况，成为"下一个大获成功的实例"。2004年生物技术部发布了一项计划，要将印度变成"全球生物信息学中心"。印度在空间技术方面也有很大提高，经过多年发展，印度卫星的研发和应用技术已接近或达到国际先进水平，这也标志着印度综合国力的提升。

　　本文所提到的三位校长正是在这一系列政府的改革举措中获益并成长起来的，随着外部环境的日益改善，她们努力将所在高校推进到印度高水平高校的行列当中去，以女性特有的社会敏感度和高度的责任心改变着印度高等教育的现状。若不是因为国家对信息技术的重视，卡马特恐怕无法在SNDT女子大学设计并开设网络课程，该学校也无法设置多种远程教育课程，提供诸如教育技术硕士学位、计算机教育技术应用硕士学位以及教育技术（教师教育方向）博士学位等。若不是政府重点扶持生物技术，作为生物工程专家的巴丽也很难顺利完成学业，走向教学岗位，并在学校建立一系列实验室，而且她在KSWU大学建立的专门为女性学生提供继续教育服务的教学体系，也无从谈起了。塔瑞塔的英迪拉教育集团则更不必说，和微软公司的合作是该学校迈出的关键性的一步，这些都建立在国家所提供的良好的信息技术环境的基础之上。

谈到印度的教育，总的来说，它和印度文化有相似之处，灵活性和自由度都比较大，历史上的许多思想家和大教育家对印度的教育有非常重要的作用，其中不得不提的至少有以下三位：

泰戈尔(1861—1941)，是我们熟知的诗人、印度首位诺贝尔文学奖的获得者。其实，泰戈尔不仅在文学上颇有建树，他在教育方面的思想也非常先进，有很大的启发性。他主张学习自然，从乡村工匠和孟加拉部落中获得教育灵感。

甘地(1869—1948)，印度的国父。他特别强调基础教育的重要作用，认为"教育应该提高人们的职业技能，使人获得自信和劳动的尊严"。

阿罗频多(1872—1950)，认为老师应该激发学生内在的创造力，而不应总是强迫他们承受大量繁重的课业压力。他还认为，教师是学生学习的有效引导者，应该促使学生自我提高和完善，学生通过接受教育来增强社会责任感，从而服务社会、服务人类。他还在印度建立了国际著名的地球村黎明之城（Auroville），并在生前致力于将他的教育理念付诸实践，黎明之城现在已成为印度著名的旅游景点。

当今的印度高等院校，教学科目和研究课题涵盖的范围很广泛，可谓文理兼备，还有一些以传统药理和高精尖技术为主要教学科目、以培养专业性技术为主的学校。大多数的大学和高等教育研究中心是独立经营的，还有相当一部分大学是由附属学院和专业院系组成的联合教育机构。印度现有大学级机构两百余所，这当中有155所传统大学，34所农业大学（渔业和畜牧、兽医、园艺学及奶制品技术），17所工程技术大学，6所技术学院，14所医科大学，还有国家法律大学、新闻大学、统计学院、科学院、草医学大学、人口科学院、美术史与环保和博物馆学大学各1所，以及5所女子大学，6所梵语大学，7所开放式大学，7所音乐和美术大学。这些大学有超过8,000所附属学院，有将近500万学生在读。大多数的大学和学院能够培养基础科学、人文科学（外语、国际关系、教育和法律、社会研究）和社会科学学士以及理学士、商学士、法学士、教育学士，还能够培养更高层次的文学硕士、理学硕士和基础教学法硕士等。有292所学院设置了工商管理硕士课程及其他相关课程，其中有4所是管理学院。除了学院外，还有一些科学与工业研究委员会附属于高校系统，可供博士和博士后进行科学研究。

　　印度今天的教育制度和政策继承了印度文明史上的优良教育传统，通过对以往经验的吸收和总结，教育系统呈现出多样性，这也体现了印度社会文化的多样性，是对本土和外来文化精华的兼收并蓄。穆斯林民族的到来给印度带来了丰富的艺术、建筑、音乐和文化。英、法等殖民国家对印度的侵略和占领将英语以及理性主义、科学精神和探究习惯等积极的思想理念传播到印度。印度教育因而形成了显著特点：既保留了古印度时期对精神、道德教育的重视，又吸收了现代教育科学、实用性等价值理念，印度教育将它们巧妙地融合在一起，形成了如今这般繁荣、多样化的状态。

伴随着科技进步和各国交流不断发展，教育可以为国家搭建一座与世界沟通的桥梁，这也符合泰戈尔早在多年前所预见的21世纪教育培养世界公民的目标。但美好的事物往往存在着阴阳两面，印度教育也不例外。印度是世界上少数几个因性别选择和文化因素导致男性数量多于女性的国家之一，女性往往从出生之日起就要遭受歧视，所以近些年来大学中女性数量的增加是巨大的进步。能够不受性别歧视而进入一些最具竞争力的高等学府学习，对于印度年轻女性而言是一件幸事。如今在一些以往男性占优势的学科中，女性数量也增加了。20世纪80年代，女性主要选择人文社会科学学科，而后一些本来是男性占主导的学科阵地也开始被女性占领，如经济学、生物学、化学，物理学如今是男性的最后一块堡垒。在最好的工科学校及商科学校中，尽管女性数量仍然较少，但是这种状况也在慢慢发生改变。推动这些进步的人功不可没，其中就包括本书所介绍的三位亲身从事女子大学教育，经历过或者正在经历这些变革的大学女校长，她们见证了作为女性寻求高等教育的艰难，也着实在工作过程中体会过改变这一现状所遇到的艰难。然而可贵的是，她们用自己的行动一步步脚踏实地地去努力，不管遇到了政策上的阻碍、资金上的短缺、平台上的限制，还是对于学校未来发展定位的迷茫，多少天她们夜以继日、苦思冥想，多少天她们彻夜难眠、寝食难安，但她们都坚持了下来，最终，我们看到的是她们一次次的华丽出场，以及印度女子高等教育日新月异的变化。三位女校长虽然性格各异，经历有别，影响她们走向教育事业的机缘也各不相同，但相同的是，她们都用自己的坚持和奉献成就了伟大的教育事业，成为这个行业里一道独特的风景线，而这也正是"世界大学女校长论坛"所珍视并提倡的。相信通过这个平台，会有更多优秀的大学女校长参与进来，共同分享经验和体会，在此找到知己并进一步促进世界高等教育的发展！

第一篇　瓦苏达·卡马特

一、我眼中的卡马特：爱、理解与交融

二、从女孩到女人：活出生命的价值

三、在教学中成长：且行且珍惜

我眼中的卡马特：爱、理解与交融

"我们，萧萧的树叶，都有声响回答那暴风雨，但你是谁呢，那样的沉默着？"

"我不过是一朵花。"

—— 泰戈尔

当清晨的第一缕阳光温柔地照进我的房间，我静静地坐在书桌前，开始思考如何开启这一段文字旅程。一个人的一生，如同一条漫长的河流，时而湍急汹涌，时而静若远溪，而需要耐心品味的又何止是那些可以言说的情节？"不要说你看到了什么，而应该说你敛声屏气、凝神遐思的片刻感受到了什么"[①]，如女作家迟子建所言，在静下心来细细品读的这一刻，人世间所有的熙熙攘攘、气象万千皆是源自一个"人"，也大体可以仅仅归结为一种"感觉"，那么就让我从所感受到的说起吧，来谈谈我所认识的瓦苏达·卡马特（Vasudha Kamat，以下简称为"卡马特"）。

采访之前我对印度这个古老的国度知之甚少，而这位来自异域的长者又是什么样子呢？慈祥、端庄，还是知性、严肃？我带着心里的种种疑问开始翻阅各种资料，并着手给我远在异国他乡的采访对

---

① 迟子建：《伤怀之美》，云南人民出版社1995年版。

象发出了第一封邮件。

在邮件中,我介绍了自己及我所在的学校,向她详述了我所参加的项目的意义,也正是此时,才突然发现我对印度真的知之甚少,而这个古老的国度却是与中国有着颇多联系与共同点的友邦。

同中国一样,印度也是世界四大文明古国之一。世界三大宗教之一的佛教诞生于此,并对中国的宗教文化产生了深远的影响。印度和中国一样,是世界上发展最快的几个国家之一,是软件业、金融业、科学研究及技术服务等方面的重要出口国。印度与中国所处的发展阶段十分相似,两国都面临着保持经济快速增长、社会稳定和人民生活水平不断提升的艰巨任务。在经济高速发展的过程中,两国都遇到了结构调整和环境保护等相似的挑战和难题。在世界经济增长呈现多元化趋势的今天,它同中国联手成为"金砖"国家,形成了以智库、工商、银行等各领域合作为支撑的多层次合作架构。更为可贵的是,在浩瀚的历史长河中,印度同中国一样,对外来文明一直抱有兼容并蓄的开放态度,当它已经敞开热情的怀抱准备迎接来自异域的朋友之时,我们没有理由使它仍然停留在自己认知的盲区。

印度琥珀堡

印度泰姬陵

两国合作共赢的基础是国民间的沟通、了解与信任,唯有如此才能消除隔阂,寻求一切可以利用的开放性资源。因此,对于这样一位与我们并肩前行的近邻,我们应当以更加积极的态度去探寻和培养共同的兴趣,我想这也是我参加这个项目最大的意义所在。我在写给卡马特女士的信中说,希望对她的介绍能够为中国的读者开启一扇窗,使大家能够通过她的经历,更多地了解印度这个国家,包括印度的政治、经济、文化和社会生活的方方面面。

虽然我的信写得很诚恳,但我并没有奢望能够得到卡马特女士的及时回复。虽然对印度以及SNDT女子大学不甚了解,但我本人也在高校工作，了解高校的领导们每天事务很多，如接待各种来访、参加各部门的会议以及出席各种大型活动，这些事务几乎占满了每天的日程安排，如果他们还承担一定的教学及科研工作，那将是更加繁忙的。而作为一名大学女校长，她在扮演着各种职场角色的同时，还要肩负起照顾家庭的责任，一天将鲜有空闲的时间。因此，我想这位卡马特女士一定是终日忙于各项事务，她也许不会在第一时间打开我的邮件，更别说及时回复了。

但是，在邮件发出的第二天，我便收到了采访对象——印度SNDT女子大学副校长卡马特女士的亲自回复，这的确是一个很大的惊喜。

On Tue, 01 Nov 2011 15:01:14

K. K. Nair Ji:

I am Zheng Danqi, you can call me Jane. I am the teacher of the Communication University of China (ab. CUC). Our university plans to publish a series of biograghies about the women chancellor of the colleges and universities worldwide, I am in charge of the biographies of the women chancellors of the universities of India. As you can see, most Chinese readers know little about India. My team plan to write a book of Pr. Kamat. By introducing the outstanding lady in the country, I hope that the book will be the window for Chinese readers to know more about the economy, the culture, the education and the social life of women in India. I will fly to Xiamen on Friday to attend The 5th World Women University Presidents Forum. If it is acceptable, I want to make the interview in Xiamen. I hope that will not be a bother, but it will be my great pleasure if Pr. Kamat accept my ask and permit the writing. Looking forward to your reply sincerely. Thanks.

With regards,

Jane

Communication University of China (Beijing)

Tel. 86-1891013xxxx / Fax:86-010-6578xxxx

On Tue, Nov 1, 2011 at 5:45 PM,

Dear Madam Jane,

Your request has been forwarded to our Vice-Chancellor Prof. Vasudha Kamat. I will revert to the subject on hearing from her.

With regards,

Krishnankutty Nair

Executive Assistant to the Vice-Chancellor

SNDT Women's University

MUMBAI - 400 020 (India)

On Tue, Nov 1, 2011 at 6:40 PM
Dear Jane,
Thanks for mail. I am looking forward to participate in this world forum from 3rd Nov. Would love to meet you and discuss.

Vasudha Kamat

注：K. K. Nair是卡马特校长的秘书，第一封信系经由秘书转达

正如我所预想的，卡马特校长的确非常繁忙。她事后对我说，之所以及时回信并且接受一位中国作者的采访，是因为她非常认同我信中的观点，"一个人和一扇窗"，这句话深深地打动了她，她与我有着相同的感受，她感到自己责任重大。她热爱自己的国家，希望她的祖国被更多的人了解，盼望祖国一天天地强大起来。

于是，在2011年11月的一个早上，我如约踏上了去往厦门的旅程。厦门地处亚热带地区，全年气候宜人，风景秀丽，环境整洁，是我国东南沿海著名的港口城市，第五届"世界大学女校长论坛"就在这个美丽而富有特色的海滨城市举行。

时任国务院学位委员会主任委员陈至立出席第五届"世界大学女校长论坛"开幕式并发言

尽管设想了种种见面的场景,但第一次见到卡马特校长的情形仍然令我有些意外。那是第五届"世界大学女校长论坛"的第一天,在位于科学艺术中心的主会场内,我远远地看到了一个既陌生又有点熟悉的身影:卡马特校长一头灰黑色的长发在脑后绾成一个丰满的发髻,额头上点着一颗象征平安、喜庆的暗红色的吉祥痣,极富异域特色。长长的睫毛下,一双乌黑的大眼睛深邃而有神,高挺的鼻梁上方架着金丝边眼镜,显得文雅而知性。虽然她看起来年事已高,但身材中等而匀称,丝毫没有发福的痕迹,她身着印度传统服饰——一套橘红色的纱丽(Sari)服,佩戴着简单的项链和胸饰,看起来质朴而又不失奢华,温婉而又不失庄重。

此时恰逢开幕仪式的茶歇时间,她并没有同其他校长一道在休息区享用茶点,而是一个人留在演讲厅内同工作人员在交涉着什么。我走上前去,轻轻地向她打了声招呼:"早上好,卡马特校长(Good morning, Kamat Ji)。"Kamat Ji是我对卡马特校长的尊称。在印度,称呼长者和尊者时一般在姓名后面加Ji,以表示尊重,如同英语中的Mr., 或者Mrs.。卡马特校长抬起头,那深邃而坚毅的眼神倏地落在我身上,"你是简,对吗(You are Jane, right)?"我们微笑着认出了对方,她不像我想象中那样高高在上,反而很慈祥而且友善。

印度国旗

但此时的她显得有一点焦躁,问清原因后我才知道,原来她正在就会场中的印度国旗问题与主办方工作人员交涉。她显得有些着急,因为细心的她注意到,在会场内的前台上竖立着很多国家的国旗,唯独没有看见印度国旗。她有些着急,希望站在旁边的我帮她沟通。于是,这初次的见面,没有寒暄,没有我预想好的一大段开场白,而是直接切入"主题"——找国旗。

这时距离下半场开始的时间不到十分钟了,会务组派人来协调,一个年轻的小伙子在会场内跑前跑后,最终在前台找到了印度国旗。原来前台其实是摆放了印度国旗的,但由于摆放的位置略微靠后,被旁边的两面国旗遮挡住了,所以看不到印度国旗。那个小伙子将印度国旗的位置重新调整,牵着印度国旗的一角向我们招手,这一刻,卡马特校长露出了会心的笑容。她迎着小伙子走过去,轻轻地拍着他的肩膀,一脸抱歉地说:"真是不好意思,错怪你们了,辛苦你了,小伙子,也非常感谢主办方。"卡马特校长既坚持原则、直言不讳,又体恤他人、敢于担当,是多么可敬、可爱的一位"老太太"啊!

上午的开幕仪式结束时已是正午,我陪同卡马特校长一道走出会场。北方11月已开始转入冬季,但此时的厦门却依旧烈日炎炎,正午的温度高达32摄氏度,来自北方的我,虽然提前做好了准备,穿了一身清凉的夏装,但走在路上仍然汗流浃背。看得出,我身旁的这位身着纱丽服的印度女士也不好受,虽然打着伞,但额头上仍渗出了汗珠。

纱丽服是印度妇女们日常生活中的装束,有着鲜明的印度传统特色,已经成为印度服饰文化的典范。纱丽服由三部分组成:上面的部分叫"杰姆普尔"(Jim Poole),是一种紧身的短袖胸衣;下面的部分叫"贝蒂戈尔"(Beidigeer),是一种围衬在纱丽里面的宽松长裙;裹在最外面的是纱丽,从腰部围到脚跟成筒裙状,然后其末端被披搭在左肩或右肩上。穿这里外三层,在气温高达32摄氏度的室外行走,想不出汗也是很难的。

印度女性服饰——纱丽服

因为之前找国旗的经历，我与卡马特校长已经开始熟络起来，考虑到下午的温度通常比中午还要高，所以我建议她下午可以换一套裙装。没想到，冒失的建议立即被卡马特校长否定，"不，不需要，下午我还是穿这个。"她见我有点尴尬，马上跟我谈起了印度人的着装习惯。

原来，印度是一个极为珍视传统的国家，这一点集中体现在了印度人的着装上。都说女装最体现潮流，但印度妇女的服装却从不追赶不断变换的流行趋势。如果去印度，你可以看到那些走在街上的印度女人，年轻的也好，年老的也罢，很少有不穿纱丽服的。五颜六色的纱丽服，飘飘洒洒，袅袅娜娜，在街头摆来摆去，宛如一朵彩云，成为街头一道亮丽的风景。如果你问一位印度妇女为什么不换上裙子，她们必定只回答一句话：传统改不了。的确，印度天气湿热，棉布、纱或丝制的纱丽服具有吸汗、通风和遮挡紫外线的作用，再加上女人穿上它显得既飘逸又漂亮，这样的传统当然改不了。

旁遮普服

卡马特校长介绍说，除纱丽服外，颇受印度女性青睐的另一种常见的印度民族服装叫作旁遮普服（Punjab clothing），这种衣服的上身通常是一件长度到膝部的宽松外衣，在领口、前胸和袖口处绣有美丽的图案纹饰，下身是一条较为宽松或相对紧身一点的裤子，脖颈处配一条薄如蝉翼的纱巾，整体显得十分潇洒飘逸。

她还谈到，印度男性的服饰样式比较固定，上身是一件宽松的立领长衫（Tunic），下身搭配一条窄脚的长裤（Dhoti），头上缠绕的布巾色泽鲜明，花样变化也极为丰富。印度男性着装的颜色以白色为主，比较传统的男装的上身是一件肥大的、过膝的长衫（Kurta），然后在腰间缠一块布，叫作"托蒂"（Dhoti），非常舒适宽松，印度男子在家一般都爱穿这种传统服装。印度男人在着装上也很传统，我们基本没见过印度的领导人在出席正式场合时穿西装，他们更爱穿一身棉布做的浅色长褂，既舒适又展示了民族传统特色。

印度男性传统服饰

卡马特校长当天特意穿了一套橘红色的纱丽服，这在正式场合极具代表性，橘红色纱丽服在印度象征着庄重，是出席重要仪式、活动的经典服饰。再联想起她之前交涉国旗问题的那一幕，我不由地对坚持传统和热爱国家的她心生敬仰。

印度是一个人口大国，国民数量仅次于中国，因此它拥有丰富的人力资源。印度人的民族意识很强,而且颇有民族自豪感,特别是随着印度经济的快速发展,印度的国际地位日益提升,他们的民族意识表现得更加明显。印度有"人种博物馆""语言博物馆"和"宗教大观园"之美称,它将不同肤色、不同语言、不同宗教的人集聚在南亚这片神秘而灵秀的土地上,繁衍绵延,生生不息。现代印度社会在多样性中体现出统一性,它将不同的种族、文化和宗教在同一个国家概念下统一并团结起来,凝聚在一起的印度人民共同抵御各种社会和政治的分裂势力,为了共同的理想而奋斗。

印度社会具有多样性和统一性,其中重要的原因是这个古老的国家为国民留下了丰富的精神遗产。如同前面提到的纱丽服等服饰,印度各个方面的传统保存得非常完整,虽然印度早已开始了现代化的进程,但却没有因此而遗失传统,这让印度人普遍有一种归属感或认同感。不过他们自己也承认,印度这个国家目前有很多不足,例如从表面上即可看到的整体环境脏、社会秩序乱、根深蒂固的种姓制度顽疾以及较大的贫富差距,但不可否认的是,印度的确是完整地保留了本国特点的国家,它没有随着全球化的步伐而迷失自己,在印度人心中,不论别人喜欢与否,这里就是他们热爱的国度。

事实上,大多数印度人对本国高速发展的经济充满信心并感到自豪。无论是印度教还是伊斯兰教,都讲求来世。一个有趣的说法是,很多印度人相信,当他们来世再次出生时,印度将成为世界经济强国。印度有着灿烂的文明,从古到今不断有重大创新,为世界贡献着智慧,特别是随着知识经济的蓬勃发展,印度的创新能力更显活力,表现出巨大的创新潜力,IT业以及金融产业已经成为印度经济腾飞的引擎，而这些创新能力也极大地增强了印度人的民族自豪感。

蓬勃发展的现代化印度城市风貌

正是在与卡马特校长的交谈中，我对发展变化中的印度和印度人民都有了更立体、更深入的了解。晚宴之后，厦门大学准备了一场名为"海韵秋色"的迎宾晚会，演员都是来自厦门大学的学生，其中一场太极表演的演员功底深厚，一招一式精准到位，引得满堂喝彩。显然，卡马特校长也对此产生了浓厚的兴趣，晚会结束后，我们聊起了这个话题。起初，她以为太极是中国的一种古典舞蹈，但太极的每一个动作看起来都蕴含了无限的能量，虽然同为表演，却不似舞蹈那般强调艺术上的表现力。看过介绍，她才知道这是中国的一种武术。为了便于卡马特校长理解，我谈起了印度的瑜伽。我说，中国的太极就如同印度的瑜伽。这个比喻立刻引起了她的共鸣，她不断地摇头表示回应。在印度，点头和摇头的含义同世界上大多数国家截然相反。对于我们来说，点头表示同意、赞同，摇头表示反对、不认同;而在印度,摇头却表示赞同,点头则是存在异议和不满的表现。卡马特校长标准印度式的摇头让我颇感自信,看来我这个比喻十分恰当。

印度瑜伽

太极和瑜伽同样从维持人与自然的和谐关系出发,同样内隐着某些哲学思想的精髓,背后同样有虽迥异但都十分古老而庞杂的文化体系作为支撑。人与自然的和谐关系,在太极看来是一种天地之道,在瑜伽看来则是激发潜能、达到自我与自然的和谐。在信奉宗教的印度人眼中,瑜伽是一种修行,人们在修行中达到平衡;中国的习武之人练习太极,最基本的理念是平静、平和和安详,最终达到境界的亦复如是。两者最终都能令人脱胎换骨,改变生命的状态与品质。时至今日,太极和瑜伽都因具有康健体魄、有益身心的健身功效而备受普通百姓的推崇。两者虽古老而迥异,但在程式、意象和构造上却有着千丝万缕的联系,难怪卡马特校长连连赞同,我想文化的共通性就是如此吧。

太极和瑜伽也有许多不同之处。就健身的功效而言,现代人尤其是印度本土以外的人练习瑜伽,大都追崇其瘦身塑体的作用;而中国人练习太极,则意在养生。在观念和意念方面,瑜伽追求强势改变，通过调整呼吸、调整体位和冥想提升意识，帮助人们充分发挥潜能，不断地超越自己的极限；而太极则是弱势顺应，强调用意不用力，运动适度，追求人的体能的中和状态。

卡马特校长非常推崇太极中的顺应观念，她问我是否知道李小龙，我说当然知道，她似乎想起了什么，举起的手悬在半空中，眼神定定地望着前面，片刻之后迸出一个词，"water（水）"，我立刻明白了，原来她是想说李小龙对练习武术的人说过的一段著名的话：

Empty your mind. Be formless, sharpless, like water. You put water into a cup, it becomes the cup; you put it into a bottle, it becomes the bottle; you put it into the teapot, it becomes the teapot. The water can flow, or it can crash. Be water, my friend.

保持空灵之心，无形，无法，就像水一样。水倒入杯中就成为杯子的形状，倒入瓶中就成为瓶子的形状，倒入茶壶中就成为茶壶的形状。水能载舟亦能覆舟。像水一样吧，我的朋友。

不得不承认，文化需要使者的传播。此时，我想起了另外一个故事。

2000年5月的美国国会山，一个不大的房间内坐满了议员，一位中国女子正用略带紧张但流利的英文做演讲，她就是冯玉祥将军的孙女冯丹龙。当时，中国尚未加入WTO（世界贸易组织），美国白宫与国会之间，就是否给中国提供永久性最惠国待遇（PNTR）展开了激烈的争论。由于争论的结果关系到美国制药业在中国的发展，美国制药研究及生产协会（PHRMA）的负责人便找到了供职于制药公司的冯丹龙,希望她赴美游说议员。冯丹龙早年曾经下乡当过护士和电工,大学毕业后被选送到美国纽约州立大学攻读MBA(工商管理硕士),并学成归国。这位"将门之女"凭借多年奋斗所锻造的自信和坚韧,成为大连辉瑞中美合资制药有限公司在国内录用的首批高管之一。演讲中,冯丹龙生动地讲述了她的个人经历,因为她的人生故事见证了中国的改革开放,也让美国人对日益开放的中国有了更多了解和信任。

面对一位能说一口流利英语的中国女子,美国国会议员提出了很多疑问。一位对永久性最惠国待遇问题持反对意见的议员问:"在中国,上互联网要受限制吧?"冯丹龙回答:"我在中国的办公条件和其他发达国家一样,无论是在家中或是在办公室,都能登录互联网。几周前,我还在北京的办公室中,通过百老汇的站点预订了戏票。"此时,会场竟然发出一片惊叹声,因为有些人不知道中国有计算机,还有人不相信在中国也能上网。一位议员将信将疑,进一步问道:"你能说出百老汇订票站点的网址吗?"冯丹龙一字不差地作了回答。冯丹龙不卑不亢,尽显"将门之后"的气度,一改许多美国人对中国的误解,平实的语言和翔实可信的例证深深打动了在场的议员,其演讲成为整场会议的热点,为支持美国和中国进行正常经济贸易合作提供了最直接的证据。①

文化需要沟通与交流的平台。对于具有独特的文化生产力和文化自主权的两个国家而言,它们虽然在文化源方面存在显著差异,但却能通过文化交流促进人们互通有无,促进两国的发展与繁荣。

---

① 参见光明网,http://politics.gmw.cn/2012-04/20/content_4009801_3.htm。

而交流的前提是平台,是一个能够提供真诚沟通与对话的载体。从历史角度来看,中国和印度的交流自秦代便已开始,到了两汉时期日渐频繁,在隋唐时期步入高潮,到了宋元时期则更为深入。两千多年间,印度的佛教、音乐、舞蹈、天文历算、文学语言、建筑和制糖术等不断传入中国,鲁迅在概括印度对中国的影响时说,"交通自古,贻我大祥,思想信仰道德艺文,无不蒙贶,虽兄弟眷属,何以加之"①。 中国的《二十四史》和唐代高僧大德的游记是印度构建古代历史的基础,中国的造纸、蚕丝、瓷器、茶叶、音乐传入印度,也极大地丰富了印度文化。今人更加珍视并继续维护着这份绵延千年的友谊,并在不同层面、不同领域收获着绚烂的果实。在"女校长论坛"短暂而紧凑的四天中,无论是文化午宴还是主题沙龙,无论是文艺演出还是民俗考察,该论坛都为与会的各国女校长提供了一个彼此认识和交流的空间,也为国与国之间的相互了解打开了一道彩虹之门,为国际间的文化交流搭建了一个真诚而友好的平台。

我和卡马特校长漫步在厦门大学迷人的夜色中,不知不觉已经到了主办方约定的乘车地点。我突然想起事先准备的送给校长的礼物,忙从包里拿出一个木制的漆盒递给她,里面是两双雕刻着镂空花纹的木制筷子。送她筷子不仅由于这是中国传统的餐具和工艺品,更因它为偶数,取其好事成双之美意。礼物虽然简单,但却蕴含深意,这是我在北京为卡马特校长特意挑选的。几乎是同时,卡马特校长也从包里拿出一个绣着精美图案的小包裹,淡雅的绿色莨苕纹中,银丝线若隐若现,在夜色中透出隐隐的亮光。她轻摇

---

① 鲁迅:《破恶声论》,《鲁迅全集》第8卷,人民文学出版社1981年版。

着头说，这是她从印度带来的绿茶，气味清香宜人，口味也是她非常喜欢的。我们仿佛是说好了一般，几乎同时递出了送给对方的礼物，不禁不约而同笑了起来。她没有如其他外国校长那般在告别时给我拥抱，但临行前目送我的眼神悄然透露出温暖的气息，此时的她在我眼中已不似我最初想象的那样高高在上，而仿若一位给我多年教诲的亲切的师长。这就是两个东方人的忘年之交，清清的淡淡的，却如朝阳下的露珠般晶莹剔透，令人充满期待。

　　此时的我仍安坐于桌前，晨风撩拨着窗帘，洁白的细纱在微风中轻舞起来，桌上的透明茶杯中汤清叶绿，吐散着令人沉醉的芬芳。我的思绪仍在飞舞着，时而是那个温暖的冬天和那座南方的滨海城市，时而又是眼前……

从女孩到女人：活出生命的价值

人的一生可能燃烧也可能腐朽，我不能腐朽，我愿意燃烧起来！

——奥斯特洛夫斯基

我曾经很好奇：一位来自异国的女性何以成长为一所高校的领导者？那一定是非凡的领导才能和卓尔不群的个人魅力使然！而其背后也必定隐藏着社会和家庭等方方面面的外部因素，这些因素最终使她具有旺盛的生命力和强大的支配欲。当我向卡马特校长提起这些时，却被她断然否认了，她说："没有科学根据证明你的说法，事实上，人们并不一定要依靠掌控别人来获得成功。"在她看来，自己绝非一个强势的女人，而性格上的强势同事业上的成功也并无关联。唯一促使她在学业和科研上孜孜以求、在工作中努力进取的原因是她对自己的祖国、对那些处于弱势地位同胞们的爱，这使得她设定的人生目标非常朴素而令人钦佩——活出生命的价值，做一个有益于社会的人。

卡马特出生于马哈拉施特拉邦（Maharashtra）。在印度，"邦"是同我国的"省"相类似的行政区划单位，印度有29个邦、6个联邦属地(union territories)以及德里国家首都辖区。人们对马哈拉施特拉邦可能不太熟悉,但对孟买应该不会陌生,印度的主要经济文化中心孟买即马哈拉施特拉邦的首府,拥有阿旃陀石窟与埃洛拉石窟等著名的世界文化遗产。

马哈拉施特拉邦风貌

位于印度德干半岛西部的马哈拉施特拉邦,是印度第三大邦,有30.77万平方公里的土地,承载着将近一亿的人口,主要的人口组成是马哈拉施特拉人。马哈拉施特拉邦西临阿拉伯海,沿海有狭窄而断续的孔坎平原,内地大部分是德干高原,地理位置优越。戈达瓦里河、克里希纳河等主要河流流过本邦,注入孟加拉湾。在这片土地上,有着丰富的矿藏,例如煤、铁、铝土、锰、钛等。依靠天然的气候资源,邦内农业主产十分兴旺,棉花、花生、甘蔗和谷物是主要的农产品。马哈拉施特拉邦依托本地农作物资源形成了以棉纺织、制糖为主的工业体系。马哈拉施特拉邦交通便利，印度的主要铁路均通过本邦，它的港口资源除孟买港这个国际大海港以外，还有多处小海港。①

阿旃陀石窟

"马哈拉施特拉"原指马拉特帝国，18世纪末，并入英属印度，设孟买省。马哈拉施特拉原是孟买邦的一部分，印度独立后，1960年根据语言原则，孟买邦分成了马哈拉施特拉和古吉拉特两个邦。关于"马哈拉施特拉"这个名称的由来有几种不同的说法。多数人认为是这个名字来源于公元1500年第一个统治这里的王朝拉施特拉古特的名字，在国名前加上"马哈"（大）一词，是为了显示自己的国家比其他国家大、比其他国家好。还有一种说法是，"马哈拉施特拉"是由"马哈"和"拉施特拉"这两个词组成的，其中

---

① 参见维基百科，http://zh.wikipedia.org/wiki/Wikipedia:%E9%A6%96%E9%A1%B5。

"马哈"是指"马哈尔族","拉施特拉"是指"地区""国家","马哈拉施特拉"的意思就是"马哈尔人居住的地方和国家"。另外一种说法认为,古代有个叫"拉特"的民族曾居住在这个地区,后来北方的雅利安人带着吠陀文化和梵语来到这里,两个民族同化后,自称为"马哈拉塔",即大拉塔族,后来这个族建立的王国就被称为"马哈拉特"或"马哈拉施特拉"。梵文和普拉格利特语中所说的"马哈拉施特拉""马哈拉斯特里格""马哈拉特""拉特""拉塔""拉蒂迦""拉斯蒂""拉斯特里格"等都是指这个地区。①

孟买风光

在印地语中,"马哈拉施特拉"意为"伟大的民族",而这里也的确诞生了许多伟大的人物。抗日战争期间随同印度援华医疗队到中国协助抗日的著名医生柯棣华,1910年出生于马哈拉施特拉邦的首府孟买附近的绍拉普迩村。柯棣华1939年1月到延安做战地医生,先后在延安和华北抗日根据地服务。诺尔曼·白求恩大夫逝世后,柯棣华任白求恩国际和平医院第一任院长。在中国工作期间,

---

① 参见百度百科,http://baike.baidu.com/view/360865.htm。

他抢救了大批的伤员,并且为中国培养了很多优秀的医疗人员。由于长期工作任务繁重,柯棣华积劳成疾,于1942年12月9日在中国病逝,他的名字已成为中印友好的象征。

2007年成功当选印度总统的普拉蒂巴·帕蒂尔,也出生于马哈拉施特拉邦。帕蒂尔总统曾是印度著名的律师、政治家,在多年的从政生涯中,致力于消除印度社会中的不平等现象,热衷于教育和社会福利事业,特别是对女性和儿童的教育工作,熟悉她的印度民众亲切地称她为"大嫂"。2007年7月21日印度选举委员会宣布,时年74岁的帕蒂尔以明显优势击败了全国民主联盟候选人谢卡瓦特,赢得了总统大选,成为印度独立60年来的首位女总统。这让我想起了中国的成语"人杰地灵",回望古今,杰出的人物多是生于灵秀之地,这话在马哈拉施特拉邦这个宝地又一次应验了。

柯棣华(1910-1942)

卡马特从小在马哈拉施特拉邦拉加德地区(Raigad district)的一个小镇上长大,父母皆毕业于医学院,父亲曾在当地政府的医疗卫生部门任职,母亲婚后成为全职主妇。印度与中国虽同为发展中国家,但两国在发展医疗事业的理念上却有所不同,在公立医院推行全民免费医疗是印度医疗理念的一大特色。

普拉蒂巴·帕蒂尔(1934-)

虽然观念超前,但政府的预算投入往往捉襟见肘,据统计,印度目前是全球人均医疗费最低的国家,占其GDP比重不到1%,在全国的公立医院中仅有17.5万张病床可以使用,因此,缺医生、缺设备、缺病床、缺药品是印度公共医疗面临的巨大问题,很多看不起病的穷人只能苦苦等待有限的医疗资源。卡马特的父亲在担任医疗卫生系统政府官员的时候就非常关心处于弱势的贫困同胞的疾苦。卡马特说,父亲经常会在第一时间了解到需要医疗救助的穷苦人的情况,并且尽其所能地帮助他们。

恒河边上的一所印度公立医院

在谈到父母的寥寥数语中,卡马特更多地谈到了自己的父亲。在描述自己的父亲时,卡马特校长反复用了两个词:认真(conscientious)和专业(professional)。父亲虽然已于2001年仙逝,但其言行对她的影响非常深刻。在卡马特的印象中,童年是幸福而快乐的,因为父亲经常会奔赴乡村参加一些助贫项目,所以儿时的她有机会体验田间野趣,并充分体会到下层人民的淳朴、善良以及生活的艰难。那时候，父亲工作的地方每三年就会轮换一次，拉加德地区的很多乡村(如Apte, Chaowk, Nandgaon, Goregaon)都留下过他们的足迹。她始终记得，一位来自农村的病人由于不幸患上了严重的皮肤病而前来寻求帮助，当父亲给他开出每日9美元的药方时，每天只有4美元生活费的他，额头上渗出了汗珠，而当父亲告诉他这些是免费的国产药时，他额头上的皱纹立刻舒展开来，脸上露出了欣喜的笑容。在政府任职期间，父亲始终致力于寻找和推广能有效替代进口药的国产药品，为更多的穷人谋求福利，因此常常工作到深夜。人们常说，父母是孩子最好的老师，父亲言传身教，影响着幼年时代的卡马特，使她有了一颗仁爱奉献之心。

卡马特至今仍记得，父亲时常戴一副金丝边的风镜，满头黑色长发中隐现缕缕银丝，身形瘦削、神情淡漠，看起来甚至有些冷酷。这样一张令人生畏的面孔，却被当地人奉为"圣人"，每当父亲在他工作的村子里走过，身后就会跟着一群追随者。通常情况下，只要没有大的手术，父亲都会在早上9点和晚上6点走上街头巷尾去巡诊。他们居住的村庄不到300人，父亲随身带着血压计、听诊器和记录本。在不忙的时候，母亲常与他同行。母亲身材丰满、精力充沛，给人开朗乐观的印象，十分随和。

父亲负责当地的医疗，包括给村民量血压、为康复的传染病患者复查、为老人和孕妇看病、接生孩子、为产妇及新生儿复诊，等等。因为有了父亲，偏僻的村落也有了巨大的变化。父亲刚来的时候，发现很多孩子都生疥疮，村里非常脏，幼童夭折或者孕妇难产而死的现象屡见不鲜，恶劣的卫生条件导致疾病肆虐。由于经济困难和观念落后,孩子们没有机会到附近医疗条件较好的地区接种疫苗,因此麻风病和肺结核十分常见。自从父亲开始在村子里巡诊后,这些疾病得到了很好的控制,而且据他自己计算,他已经成功接生了651个宝宝,而且从来没有失手过。

缺少医生的现象在经济欠发达的国家普遍存在,尤其是在印度这个把英语作为官方语言的国家。一方面,国外提供给医生的待遇和福利水平较高,医生们常常为了高薪的工作机会而远赴国外;另一方面,工作环境之恶劣也常常使他们不得不选择离开。在印度,大一点的公立医院可能只有十几名医生和几十名护士,他们却要照看数百位病人。如果照料周全,一些死伤其实可以避免,但是现在经常发生。公立医院的医生待遇很差,被拖欠工资更是常有的事。在英国、美国、加拿大、澳大利亚等一些发达国家中,本国的医生都不愿意去偏远的农村地区工作,但是会讲英语的发展中国家的专业医疗人员就很愿意去填补这些空白。

即使不移民,医生们也多半会聚集在城市里,像卡马特父亲这样甘愿离开城镇到乡村工作的医生十分少见。在贫穷的国家,人们选择职业的理由都是一致的,就是能够过上好日子。农村有可能招聘不到医生,因为医生大都跑到大城市,给那些付得起钱的病人看病去了。印度农村的自然条件恶劣,灾害频发使得人们经常处于饥荒状态,经济条件也不富裕,人们靠在小片土地上种植高粱勉强维持生活,家里根本没有多余的积蓄,交通也很不方便,道路崎岖不平,在这样的地方行医,艰苦程度可想而知。

即便是那些甘于寂寞留在农村给村民看病的医生,也很少有时间向村民们传授家庭医疗卫生方面的知识,更不用说儿童健康和营养学这些知识了。然而，卡马特的父亲在这方面做了非常多的工作——他经常帮助村民获取干净的生活用水，在当地建立卫生系统，劝说他们改进耕作方式，破除那些使人陷于病痛的迷信说法——这些都是铲除疾病根源的方法，卡马特的父亲致力于为妇女和受到的歧视的低层级的人民服务，使他们免于遭受歧视，提高他们的健康水平。

卡马特记得父亲常常痛斥那些为了钱而无视病人疾苦的无良医生，他说，"一个真正好的医生要向民众推广健康的理念"。由于父亲的影响，卡马特自小便意识到，若想解决贫苦人民的问题，必须从问题的根源入手。

女儿对父亲，大多除了模仿和依赖，更多的则是崇拜，这就是为什么许多女孩长大成人后在寻找配偶时会以自己的父亲为模板的原因。卡马特的父亲曾经参加过第二次世界大战，经历过战争的洗礼，他变得更加坚强和自信，残酷恶劣的战争环境造就了他坚韧的性格，同时也使他更加尊重生命和人的价值。这些品格在日后都深深地影响了卡马特，她为父亲曾是一名军人而深感骄傲。当父亲由于身体和家庭原因不得不离开农村时，他决定辞去公职，开办属于自己的私立医院，以便更好地践行自己的医疗理念。这个想法得到了卡马特的支持。他们举家迁往孟买，不久，父亲在孟买的妇产科医院开门营业，同为医学院高材生的母亲也跟随父亲一道在医院服务直至暮年。

作为医院负责人的父亲与同为医生的母亲在他们自己开办的妇产医院里创建了医疗培训计划，在行医的同时，为志愿服务贫困地区的医生进行免费的医学培训，很多乡村医生成为此项计划的受益者。卡马特的父母都以优异的成绩毕业于印度最最负盛名的医学院，他们受到的教育足以让他们去发达国家当个好大夫，然而他们却有着不同的抱负：在最最穷困的人群中推进健康事业。多年在农村的工作经验让父亲明白，村里只需要一位既有经验又富有敬业精神的医生，80%以上的疾病就可以治好，因为绝大多数疾病都是由于营养不良或者环境原因引起的。例如，婴儿的死亡多和三种原因有关：饥饿、痢疾和呼吸道感染。实际上这些疾病都很容易诊治。要想解决这些问题其实很简单——提供安全的饮水、普及教育以及消除贫困。

在谈到父母亲对自己的影响时，卡马特说，"我的父母在很大程度上影响了我的人生，从他们身上，我领悟到要奉献社会，实现人生价值，也学会了一些外世哲学。"的确，在父母的呵护下长大，在父亲光环的映照下生活，来自家庭的潜移默化的影响使她自然而然地树立了成为一名医生的职业理想。但是，随着时间的推移，她一天天长大，也更加了解自己。慢慢地，她发现自己在医学方面并不如父母那样具有天赋，这使得少女时代的她曾一度陷于困惑。她希望自己能够继承家族的衣钵，从事医疗行业，她也切身体会过身为一名医生，能够为他人消除病痛是多么快乐和崇高。1971年，卡马特完成了在浦那大学（Pune University）本科阶段的学习，获得了化学学士学位，但这距离她成为职业医师的梦想依然十分遥远。这条路漫长而艰辛，年轻的卡马特不知道自己究竟能走多远，为此，她在相当长一段时间内感到压力巨大，甚至失去了往日的自信，十分苦恼。她与叔父的一次不经意的交谈，才使她对自己的人生有了重新定位。如果说父母在人格、人生观和价值观上影响了卡马特的话，那么叔父则在她的成长中扮演了事业上的指路者和奠基人的角色。

浦那大学

卡马特的叔父库尔卡尼教授（Prof. S.S. Kulkarni）是印度教育技术领域的奠基人，被称作教育技术之父（Father of Educational Technology in India）。他早年毕业于美国珀杜大学（Perdue University），先后在心理测量学、教育技术学和程式化学习（程式化学习后来被研究者称为程式化教学）等领域取得了突出的成绩。卡马特在提到叔父的时候说："他是一位伟大的教师。"他在教育技术领域的杰出成就深深地影响了卡马特的人生选择。在一次与叔父的交谈中，叔父对于教育技术领域的精到见解使正处于人生彷徨期的卡马特茅塞顿开，她意识到，要想如父亲一般实现自己的人生价值，除了医疗，教育也是帮助人们远离疾苦的良方，并且是可以根治人民疾苦的方法，她第一次在医疗行业之外找到了未来有可能与父亲成就比肩的道路。通过叔父的讲解，她第一次听到了教育技术（educational technology）的概念，第一次知道了新技术的运用可以提高教育工作的效率，为更多的人提供受教育的机会。卡马特因此调整了自己的职业理想，从医生转而投身于教育领域，并立志要在教育技术领域做出成绩，正如她自己所言，"我因为听了他的教导，今天才可以坐在这里，并且开创了我自己的教育科技研究领域"。

1977年，卡马特以优异的成绩获得了孟买大学的教育学硕士学位，这时的她对未来的职业已经有了清晰的规划，她不再彷徨，而是循着自己的兴趣继续前行，在孟买大学继续攻读博士学位，研究领域为自体感受。在这里，她遇到了自己的学术导师普拉提帕·德欧教授。德欧教授是孟买大学教育系主任、富布莱特学者，是印度杰出的教育家。在谈到对其人生影响最大的几个人时，卡马特提到了两个人：一个是她的叔父库尔卡尼教授，另一位就是她在博士阶段的导师德欧教授。在形容自己的导师时，卡马特说，"德欧"在马拉地语（Marathi）和梵语（Sanskrit）中的意思是上帝，而她的确无愧于这样一个姓氏，她是一位德行高尚的学者，是一位真正的科研工作者，是一位伟大的统计学家！在学术方面，德欧教授向卡马特讲述了前沿理论和实证研究方法，这些学术范式为她后期在印度本土和其他国际组织中所做的研究项目打下了坚实的基础，正如卡马特本人所说，"我拜服在大师的脚下匍匐前行"。作为学业的延续，卡马特对少年犯和拘留所的学生进行了研究，旨在通过教育促进他们的自我认知。1987年，这项研究使她获得了NCERT（全国教育研究与培训委员会）颁发的奖项。1986年，卡马特获得了她的最后一个学位——SNDT女子大学社会学硕士学位（艺术硕士），至此，卡马特在马哈拉施特拉邦三所著名大学都学习过。

婚姻和家庭是影响女性事业发展的两个重要因素，因此我对卡马特的个人生活提出了一些问题。记得当时我问她，

孟买大学

"不少成功女性都是单身者，比如美国前国务卿赖斯、奥尔布赖特等，您是否会把婚姻和家庭这两个因素作为您事业成功的基础，我想知道您是怎么有效利用这两个因素来促进事业成功的？"坦率地说，冒失地抛出这个问题的时候，我并没有想到她也是一位单身女性，更没有想到，她给予了我非常正面的回答。卡马特并不赞同婚姻和家庭会对女性的工作产生负面的影响，相反的，来自家庭的温暖和支持会成为个人奋斗前行的绝好动力。她说自己虽然没有结婚，但是多年来一直生活在一个和睦的大家庭里，她同父母以及弟弟一家居住在一起，彼此相处十分融洽。听到这样的答复，我着实感到意外。在印度这样一个尊崇传统的国家，女性终身未嫁应该是

个案，卡马特似乎对我的疑问非常理解和宽容，我于是惶惶地抛出下一个问题"您是否认为婚姻和家庭是一回事？""当然不是，家庭的概念不一定特指婚姻，还可以由父母双亲、兄弟姐妹以及他们的孩子组成，我同我的外甥和外甥女在一起时感到非常幸福。"

印度青年男女的婚姻要严格遵守种姓等级制度，这种婚姻制度已有三千多年。印度把人分成四个大的种姓：婆罗门、刹帝利、吠舍和首陀罗。其中，婆罗门最高贵，接下来依次是刹帝利、吠舍和首陀罗，位序越靠后，地位越低贱。当然，除了这几个较大的种姓，其他次一级的种姓还有很多，在此不赘述。在古印度的婚姻制度中，高种姓家族的男孩可以迎娶低种姓家族的女孩，但高种姓家族的女孩却不能嫁给低种姓家族的男孩。虽然印度一直在倡导废除种姓制度，但千百年来的种姓制度已经在印度人的心里根深蒂固，种姓不相匹配的婚姻在印度依然得不到大多数人的祝福，尤其是在经济和文化相对落后的地区。在印度打听对方的种姓是非常不礼貌的行为，即便我知道卡马特对我这个无知的"外国人"仁爱宽厚，但我仍不想去冒犯她，所以我们无法了解她的种姓给她的生活带来了怎样的影响。但她的家庭和她本人皆是如此出类拔萃，又是高种姓，也许会在配偶的选择上更加慎重也未可知。虽然这仅仅是一个猜测，但在印度，许多高种姓家族的女孩和低种姓家族的男孩都成了婚姻的"老大难"一族确是不争的事实。

虔诚的印度教徒把婚姻当作一种神圣的礼仪，是人一生中必须履行的职责。女子出嫁前必须保持童贞，不能出现任何谣言、丑闻以及会影响其声誉的负面信息。为了防止女孩在长大后克制不住发生婚前性关系,印度从远古时代起就流行童婚。一个24岁的新郎娶一个8岁的幼女,一个30岁的男子娶一个12岁的少女是被提倡的。虽然印度政府于1929年就通过法律规定禁止童婚,但这种习俗和种姓制度一样,因遵循了印度教徒的传统习俗,所以并不能完全被禁止,至今仍有不少人阳奉阴违。这些小女孩结婚后一般仍是先跟随自己的父母在娘家居住,到了十一二岁发育成熟后才搬到丈夫家里生活,而她一生的命运全部都掌握在夫家手中。同中国相似,青年男女的婚姻还是要依靠"父母之命,媒妁之言",印度教徒也相信生辰八字,所以订婚前要先看双方的星相和八字是否相符。嫁妆习俗在印度也非常盛行,与中国不同的是,印度的青年男女结婚,女方的嫁妆一般占较大比例,男方的彩礼只是象征性的。印度人嫁姑娘,女方要拿出丰厚的嫁妆,如果女方嫁妆不能满足男方家里提出的要求,男方就会拒绝结婚,或者在婚后对女方的态度极差。

日益开放的印度社会正在逐步改变落后的传统风俗。国民受教育程度的提高为女性地位的提升创造了有利的条件,因而越来越多的印度女性选择按照自己的意愿自由地生活,这在受教育水平较高的城市女性中更加普遍。卡马特便是这样一位敢于冲破传统禁锢的杰

印度婚礼

出女性。不仅在婚姻观上如此,她在事业上更是勤勉、努力、敢为人先。这样高强度的工作会不会影响个人生活呢?当同为女人的我问起这个问题时,她笑了。她纠正了我的用词,认为繁重的工作并不会对家庭有害,只是有些时候,工作上的压力会使我们无暇照顾其他,因而挤压了与家人相处的时间。因此,作为一名职业女性,必须平衡好工作和家庭的关系,卡马特称其为work life(工作生活)和family life(家庭生活)的关系。我不是第一次听到work life的概念,我们一旦开始工作,人生的状态便一直会呈现为"工作着",即便是在下班离开办公室之后,也难免会思考一些工作上的事情或者参与一些与工作相关的活动。但当work life从卡马特口中说出时,我还是非常清晰地感觉到这便是她的一种生活常态,感受到她强烈的事业心和对自己所从事的工作的热爱。卡马特承认自己很忙,但也非常注重平衡家庭与工作的关系,她说自己从未因为繁重的工作而忽略自己作为家庭成员的责任。

卡马特有一个哥哥、一个弟弟和一个妹妹。她的哥哥在科威特工作多年,为了便于互相照顾,哥哥一家和弟弟一家与卡马特住在一起。哥哥的儿子和女儿都学有所成,现在已是工程师,在各自的领域做出了突出的成绩,个人生活方面也堪称完美。卡马特的妹妹在一个政府组织工作,已于2001年主动请辞。妹妹的女儿从事了与卡马特相同的职业,在教育规划和设计方面颇有建树,目前在马来西亚的瓦瓦森远程教育大学担任高级教授。卡马特的弟弟是一个微生物学家,在孟买最知名的一所大学任微生物系主任,弟弟的夫人也是一名微生物学家,两人在各自的科研领域里都做出了突出的贡献,取得了非常出色的成绩。他们的女儿在美国加利福尼亚攻读神经心理学的博士学位,虽然年纪轻轻,却已有自己独立出版并广受赞誉的著作。卡马特同她的兄弟姐妹一起在一个非常宽松而健康的环境中长大,在人生的道路上互相扶持。虽然现在卡马特与母亲居住在一起,但一家人依然时常团聚,彼此非常亲密。

正是家人之间的爱缔造了他们彼此事业上的成功,家庭的和睦也或多或少弥补了卡马特个人生活中的缺憾,因而她可以将自己的满腔热情投入到为更多人谋求福利的教育事业中,这使我得以勾勒出一个来自印度中产阶级家庭的女性清晰的成长轨迹。虽然我们来自不同的国度,但基本的社会规范和体制竟如此相近;虽然有贫富差距和歧视,但是我们也看到了女性的勤奋、努力,看到了她们少年的梦想得以实现;虽然有陋俗和暴力,但是我们也看到了现代社会的文明之光在教育的感召下使人们冲破禁锢、获得自由;虽然有人性的自私、贫穷和落后,但拥有高尚人格的上一辈人依然可以成为榜样,照亮孩子的内心,让他们健康、快乐地成长。

在教学中成长：且行且珍惜

> 朝着一定目标走去是"志"，一鼓作气中途绝不停止是"气"，两者合起来就是"志气"。一切事业的成败都取决于此。
>
> ——戴尔·卡内基

时光荏苒，岁月如梭，转眼间四十年过去了，当年那个意气风发的少年如今也已两鬓添霜，留不住的岁月裹挟着人生的风云变幻、世事无常，唯一不变的只有年少时的梦想。是的，卡马特一直在努力，四十年来，学校教育、教师教育、公开及远程教育以及女子教育领域都留下了她的足迹，她为惠及亿万人的教育事业贡献了自己的力量；她也一直在成长，为他人授业解惑的同时也不断以各种新的知识和信息充实着自己，在参与式的管理体验中修炼着自己的内心。身为一名教育工作者，她收获了"予人玫瑰，手有余香"的幸福和喜悦，也完成了人生一次次华丽的转身。

卡马特的职业生涯始于1971年，那时她刚刚完成了在浦那大学（Pune University）本科阶段的学习，获得了化学学士学位。受到父母的影响，卡马特大学期间选择了化学专业，以便为日后成为职业医师做好准备。但是，几年的学习和人生阅历的增加使她逐渐意识到，成为医生并不是自己所追求的目标。在与叔父的一次谈话中，她第一次接触到教育学，第一次深刻地领会到教育对于国家和人民神圣而伟大的意义，而把自己毕生所学奉献给教育事业的叔父在这方面是她的启蒙老师。大学毕业时，卡马特已经笃定要从事教师这一职业，并在葛卡乐社会教育学院（Gokhale Education Society's College）找到了一份讲师的工作。

在葛卡乐社会教育学院工作期间，卡马特已经开始参与到教师职业发展计划的相关工作中，在作为教育技术专家的叔父的影响下，此时的她已经开始注意发掘和利用信息与通信技术等最新的科技手段，提出自己独到的见解和构想，使这项涵盖了100万在校教师的培训计划能够有效运转。以当时的社会环境和科技发展水平，并非所有人都相信信息与通信技术可以在教育改革活动中发挥重要作用，但卡马特却在工作中敏锐地感受到了它的力量，并相信信息与通信技术将成为改变当前教育发展现状的重要力量，应当充分发掘它的潜力：首先要做的是改变人们的观念，因为总有一些人习惯墨守成规，抗拒改变；其次，要对教师进行培训，为新技术的应用做好充足的职业准备，当然，还要在资金和人员储备上做大量的工作。她坚信，信息与通信技术终将成为教育的基本组成部分，信息与通信技术的教育手段将更加人性化，让更多的学生开展更为高级的学习活动，并取得更好的成绩。

在此期间，卡马特以一流的成绩获得了孟买大学的教育学硕士学位，并在此继续攻读博士学位，研究领域为自体感受。在这里，她遇到了自己学术上的导师普拉提帕·德欧教授。

1983年，卡马特完成了博士阶段的学习，以助理教授的身份加入了SNDT女子大学的PVDT学院。一个国家的经济和文化发达与否的重要标志之一就是女性的受教育情况。印度独立后,政府开始关注女性受教育的问题,这和女性的社会地位提升息息相关。在成人教育政策中,15岁以上的女性群体被列为重点扶植对象,对其培养的主要目标有四个:一是通过教育来提高女性的思想认知,使她们认识到女人理应享受同男人一样的社会地位,拥有同样的权利;二是让女性具备一定文化知识、掌握一定的专长,从而帮助女性实现经济独立;三是给女性普及卫生方面的知识,特别是计划生育、儿童护理、营养和保健等方面的知识;四是鼓励并帮助女性,提高她们在各类团体活动中的参与度。几十年来,政府在每个邦或城市的发展计划中都设立了发展女性教育的目标,并且对那些女性教育工作开展得好的邦或城市进行巨额奖励,因此印度女性教育发展显著。在独立后的十年内,印度建立了104所女子学院,到1965年发展为200多所,另外,还有50多所大学招收女生,男女合校,女性的入学率不断提高。

随着女性受教育水平的提高,女性的职业和社会地位也悄然地发生着变化。今天,很多印度的女子抛弃了传统的生活模式,她们不再只是照顾家事和负责生育的家庭妇女,而是走出家门,到社会上从事教学、科研、行医和经商等工作的职业女性,很多女性在职业生涯中成绩卓著,成为著名专家、学者和教授。随着教育的发展,女性的社会地位和生存状况也随之不断发生着变化。SNDT女子大学就是在这样的社会背景下不断发展起来的。

卡马特在谈及教育对印度女性的观念和社会地位的影响时说,印度及全球范围内已开展过许多项研究,其结果显示,随着女性受教育程度的提高，其决策参与度也会增加，同时，其家庭规模和婚龄也会随之降低。越来越多的知识女性成为专家，并参与到决策过程中。现在，村级议会有一半的代表席位给予女性，我们也注意到，许多知识女性承担起了发展自己家乡的责任。

凭借多年从事教育工作积累的经验以及个人的勤奋和努力，卡马特很快从年轻的助教中脱颖而出，1986年12月，她成为SNDT女子大学教育技术系主任。作为主任，卡马特进行了多项创新。她的主要工作内容是信息与通信技术教育，由她设计和开设的网络课程，成为网络化学习教学设计培训课程的典范。她领导了这一领域的研究和学习，并担任了许多网络开发项目的科研项目总监。

印度的计算机信息技术产业非常发达，目前是仅次于美国的软件大国，出口额占全球市场份额的20%。据统计，2000年有260多家世界财富1000强企业与印度公司在软件业务方面有密切联系；2001年，185家全球500强企业选择把部分业务外包给印度的IT公司，135家企业使用印度制作的软件。目前全世界具备五星资质的软件研发企业总计75个，其中45个都在印度。据业内估计，在海外外包业务日益增长的形势下，印度的班加罗尔很有可能取代美国的硅谷成为全球雇用IT人员最多的地区。2006财年印度IT产业出口增长了33%，达到314亿美元，2007财年印度IT产业收入达到500亿美元，2008财年达到600亿美元。世界银行对各国软件出口能力的调查结果显示：印度在出口规模、质量和成本方面的综合指数位居世界第一。印度的软件远销世界范围内大大小小91个国家，在全世界知名的32家电脑公司中，印度占了其中的15家。美国客户购买的软件产品中，有60%来自印度。在这样的产业背景下，卡马特教授敏锐地观察到了网络与计算机应用技术对教育的作用,将信息技术广泛应用于远程教育领域。

印度硅谷班加罗尔

　　SNDT女子大学是印度第一所设置网上教学设计课程的大学,该课程是为网络化学习提供服务的。学校在许多学科、专业上设置了远程教育课程,设立了诸如教育技术硕士、计算机教育技术应用硕士以及教育技术(教师教育方向)博士等学位,这些都是在卡马特的领导下引进和开设的。教育技术系(Department of Education Technology,简称DET)与印度国内以及国际上许多组织都建立了联系。教育技术系在大学的教学、培训、研究、发展和拓展等各个方面都成绩显著。

　　虽然承担着繁重的教学管理工作,但卡马特从未放弃教室和讲台。她喜欢和学生们在一起,喜欢与他们分享人生的欢喜与困惑,喜欢与他们一起探讨科研课题上的难点,也希望用自己的所学所得尽可能多地解答他们的问题。十几年来,她指导了一百多名硕士研究生（教育学及哲学硕士）开展科学研究，曾有九名学生申请攻读她的博士研究生，现在她还有好几位在职研究生。她培养的学生遍布各行各业，有的是工程师，有的是科研机构的工作人员，有的和她一样也在高校任职，许多学生在自己的领域做出了杰出的贡献。作为一名老师，她可以说是硕果累累，桃李满天下，虽然教书育人很辛苦，但她也从中感受到了充实和满足。

卡马特是教师教学（多种）方法培训课程的带头人。她提出了"无演讲方案"，这一方案要求教师在课堂上用结构主义方法"教学"，而不是进行演讲。在日常教学中，她赞成学习中的构成主义方法。她认为，知识不同于信息，是不能被转移的（信息却可以），知识需要由学习者自己构造。因此，学生不应被抽象的信息所束缚，而应该掌握创造知识的方法以及分享知识的工具。

由于在SNDT女子大学的出色工作，卡马特后来出任了中央教育技术协会的联合理事。中央教育技术协会（CIET）隶属于位于首都新德里的国家教育研究和培训委员会（NCERT），是印度国内教育技术领域的顶尖机构，也是国家教育研究和培训委员会的组成机构。在联合理事的任期内，卡马特把中央教育技术协会的各项工作推上了新的高峰。她主导了印度教育系统信息与通信技术政策的制定，并为这项惠及印度上亿民众受教育权的政策积极征求各方意见，她召集了印度各界参加政策意见的讨论，包括人力资源与开发部主席学校教育部全体成员，得到了学校教育部主席古提亚（后成为学校教育部联合秘书）的支持。在汲取了各方意见后，她起草了政策草案。

自独立以来，印度政府就认识到教育是开发人力资源的关键，是除了宗教之外能够切实提高国民整体素质的重要途径。对国家教育事业进行投资已成为印度教育事业发展的基本出发点，因而在国家发展计划中教育工作占有的比重越来越大。印度政府提出了明确的教育发展目标：要保证每个公民都享有平等的受教育权；不论年龄大小，国家都会为其提供学习与工作的机会；要使受教育者在德、智、体三个方面得到全面均衡的发展；加强受教育、就业和个人长期发展这三者间的有机联系；宣传国家统一，将宗教与教育分离开，提倡民主生活方式。

印度教育方针有明确的层次和目标。其中，"普及教育"和"消灭成人文盲"将在基础教育中作为根本目标加以实现，在消灭文盲的过程中，把普及小学教育和成人教育作为重要举措。印度独立后，宪法中明确将基础义务教育作为公民权利确定下来，规定国家"对14岁以下所有儿童实行免费普通教育"，这成为儿童入学的有效保障。因此，印度各地的不少小学对一至五年级学生都实行了免费入学政策，甚至有些邦对六年级学生也实行了免费教育。与此同时，印度政府着力在教育方面增加经费投入。1950至1951年，国家投入的教育经费为11.4亿卢比，1984至1985年，这个数字增加到600亿卢比。另据记载，1986年印度用于教育的经费支出为47亿美元，仅次于国防开支。高额的投入为发展教育提供了坚实的物质基础，几十年来，印度学校的数量不断增加，学生入学率不断提高。据统计，1950年至1951年，印度小学共21万所，1984年至1985年，小学的数量已经翻了一番，增加至52万所。1947年，印度在校生注册人数为1,050万，1982年，这个数字已经增长了七倍，增加到7,360万。

为了加强成人教育的发展，印度中央政府成立了国家成人教育委员会,各邦政府也成立了相关组织积极地展开成人教育工作。二十世纪八九十年代,为了彻底扫除文盲,印度开展了规模空前的成人识字运动,如"全国成人教育计划""农民识字计划""青年非正规教育计划""成年妇女识字计划"等一系列活动。1986年,印度开展全国普及教育计划;1988年将年龄为15~35岁的公民确定作为扫盲识字行动的主要任务目标。尤其值得一提的是1989年在喀拉拉邦开展的扫盲运动,声势浩大,成绩显著,影响到了周边的卡纳塔克邦、古吉拉特邦和西孟加拉邦等地区。在这股风潮的带动下,扫盲运动迅速蔓延到全国各地。通过400万志愿者的无私奉献,约310万人得到了帮助,约1亿人摘掉了"文盲"的帽子,可以说,印度的扫盲工作取得了可喜的成绩。

更可喜的是,女性在参加扫盲的过程中充分地享受到了应有的权益。在扫盲的人数上,女子超过了男子,通过扫盲所带来的生活的改变,女性切实地体会到了学习文化知识的好处,这些知识对于解放妇女的思想、增强其自信心起到了非常积极的作用,拥有了一定文化知识的女性在今后的生活中更有勇气处理自己的事务,面对未来的人生。

为了解决年轻人脱盲后的继续教育问题,印度各邦政府设立了"成人学习中心",为脱盲后人群的后续学习提供了方便。每个中心一般会负责5个村庄,覆盖人数在5,000人左右。中心普遍会开设各种基础性的文化课以及其他一些与人们的日常生产生活联系较为密切的培训班,如农业、畜牧业、蚕桑、渔业等短期的训练班。此外,中心经常开展各种文化娱乐活动,还为脱盲者提供卫生、社会福利等社会服务项目,以唤起他们的社会责任感和服务意识,发挥他们的才干，使其更好地服务社会。

在国家教育发展的分层次规划中，中等教育和中等专业化教育被定为国家和社会发展的整体推动力，政府希望通过这种力量在教育、经济和社会发展之间建立积极而良性的联系。在国家发展初期，经济建设和工业发展迫切需要很多中等技术型人才，因而印度政府高度重视中等职业技术教育，这样不仅能满足就业需求，提高就业率，减少失业人数，同时也给高等教育减轻了压力。由于经济、文化、社会等各方面的原因，印度还有一些青少年未能完成基础教育。为了提高这部分人的文化水平，使其成为具备一定的专业技术知识的中坚力量，政府采取了多种方法。经由国家统一计划安排，在全国设立了上千所常设性学校和几百所临时性学校，还有不少私立性质的培训学校，为他们提供近60个不同行业的职业培训。另外，还有近千所工业技术专科学校采用全日制和业余授课的方式，每年有十几万人的招生规模，专门培养中等技术水平的人才。通过这些措施，不少青少年成了技术型人才，为建设国家发挥了重要作用。

印度的高等教育被视为推进经济和社会发展的关键因素，是促进国家走向"现代化"的重要手段。虽然印度是发展中国家，但印度高等教育发展迅速，目前印度的高等教育水平位居世界第三。印度现有两万余所高等教育机构，数量为美国的三倍，在世界上颇有声誉。对印度这样一个经济基础薄弱、各方面普遍落后的发展中国家来讲，这份成绩来之不易。印度的高等教育是由中央政府和邦政府共同管理的。印度独立初期，除几所大学归中央直接管理以外，大多数高等院校主要都归邦政府管理。后来中央进一步加强了对高等学校的领导,所有大学均由中央政府和邦政府共同管理。中央政府不仅要负责高校改革,新建与扩建院校,设立与撤销科研机构,还要负责协调各高校之间的关系。这与我国高等教育的体制基本一致。

在印度独立初期,尼赫鲁总理就曾指出:"大学代表人道主义、坚韧性、理性、进步和对真理的探索,它代表人类朝向更高的目标全速前进。大学充分履行其职责,对国家和人民都是十分有益的。"印度独立的初期曾成立了"大学委员会",专门制定国家高等教育的方针和任务,"教育方针和计划必须适应我国的社会发展目标,要把教育的各种目标统一起来,教导和影响学生不仅要获得知识,而且要训练思想,使受教育者产生共同的思想准则。""不仅向学生传授知识,而且要培养其准确的判断能力,以满足社会各种职业的需要。"印度高校的任职人员,从学校领导到普通教师,都鼓励学生大胆发表自己的意见和看法,十分注重启发学生对问题进行探讨。

1985年,拉吉夫·甘地任总理后,对现行的教育制度进行了大刀阔斧的改革,目的是让教育成为将印度成功引向二十一世纪的工具。各级政府也纷纷采取了大量措施:1985年,《教育的挑战》发布,1986年《全国教育政策》经议会两院讨论通过,政府随后又制定了《二十三点行动纲领》,在各级政府的高度重视和持续努力下,印度的教育事业得以蓬勃发展,为国家经济和社会的发展提供了源源不断的动力。

正是在这样的背景下,政府制定了《受教育权法》(RTE),"国家中等教育普及运动(RMSA)"蓬勃地发展起来。在这些政策的保障下,很多学生都希望能够上学,而这需要大量的教师,师资的匮乏成为掣肘教育普及运动的因素。为此,印度国家希望借助信息与通信技术(ICT),大力推进远程和开放式教育以应对这些挑战。因此,将信息与通信技术整合运用到学校教育和教师教育中的方法,成了一项优先选择。多年来从事教育技术研究和开发的卡马特,为教师教育领域内的信息与通信技术运用做出了极大的贡献。

卡马特在担任人力资源与开发部的课程监测员和评估组成员期间,负责评估来自印度各邦关于信息与通信技术输入的提案。她协助人力资源与开发部拟定了"ICT@学校计划",这是一项价值630亿卢比的计划,是应对教育资源短缺的新方案。另外,在她的积极倡导和努力下,人力资源与开发部设立了多个有关信息与通信技术的专业委员会,如电子教材委员会、教师信息与通信技术课程委员会等,并成为这几个委员会的主席。她同人力资源与开发部的霍博部长(Honble Minister)一道,与中央教育技术协会(CIET)一起在印度电视台的科普频道开办了一个有关学校教育的电视节目,中央教育技术协会也因此开始整合包括移动、卫星、电视、网络、广播、有声读物等多项技术手段在内的学校教育和教师教育技术。

再次回到SNDT女子大学时,卡马特已经是教育界富有声望的人物。当受邀回到SNDT女子大学担任副校长时,卡马特非常高兴,她说:"我在SNDT女子大学工作已有20多年了。我认为作为印度乃至东南亚第一所女子大学,SNDT女子大学非常有潜力成为一所世界级大学。所以我想,如果能有幸领导这所优秀的院校,我将会竭尽全力去实现这个目标。当我收到邀请时,我很开心地接受了。"

成为一名大学的校长，要面临很多挑战，虽然工作与以往担任政府教育部门官员时不同，但过去的工作经验仍然帮了卡马特不少忙。所以，当问起新环境、新工作同以往经历的联系及面临的挑战时，卡马特说，"挑战很多！"首先，SNDT女子大学是一所拥有全印管辖权（招生权）

瓦苏达·卡马特

的大学。在印度，每所大学基本都只有一个邦内两到三个地区的管辖权，而SNDT女子大学却拥有28个邦和7个联邦区的管辖权，也就是说，SNDT女子大学是在全国各地招生的。巨大的招生规模给学校的管理特别是人才培养方面带来了巨大的挑战。其次，卡马特看中了这所大学的女性特质，也就是说，SNDT女子大学是一所旨在为全国女性服务、为她们提供高质量的教育机会、使她们自立自强的女子大学，这使得身为女性并始终坚定地站在妇女平等与解放立场上的卡马特深爱这所学校，深爱这里的每一寸土地和每一个人。她也知道，在担任这所大学的副校长以后，她要不断为女性同胞开发和更新相关课程，指导她们进行国际水平的研究，为各类研究项目寻找投资方。作为一所拥有全印管辖权的邦级大学，这样的双重身份使学校能够从邦政府和印度政府的大学基金委员会得到财政拨款，但这些投资是远远不够的，学校仍需要寻找慈善家为项目投资，这也是卡马特工作中面临的最为重要的挑战。信息与通信技术的整合也是她未来工作的着眼点和重点。

回到SNDT女子大学后，卡马特与印度的多所公开大学展开了紧密合作,并为这些学校研发了本科、硕士和博士教育学课程的自学教材。同时她作为咨询委员会的成员,还为公开大学、公共教育联盟(**अभियान सर्व शिक्षा**)、远程教育以及国家公开教学协会(新德里)服务。

她为各种国内和国际组织机构指导过多项主题研究。作为项目总监,她以印度四个邦的地区教育与培训机构为研究对象,为联合国儿童基金会[由新德里国家教育计划与管理大学(National University of Education Planning and Administration)协作]进行了完整的评估研究,其科研成果备受赞誉。另外,她还为包括印度空间研究组织、联合国开发计划署、世界银行、联合国儿童基金会、人力资源与开发部等在内的多个国际、国内的组织进行过教育科技领域的研究。

在国际交流与合作领域,卡马特多次参与指导国际培训课程及研讨会,积极参加各种国际会谈及会议,并与相关组织建立了联系。她不断出访,将SNDT女子大学的声音和影响带到世界各地,孟加拉国、新加坡、泰国、中国、印度尼西亚、马来西亚、中国香港、法国、比利时、荷兰、毛里求斯、加拿大、美国等地都留下了她的足迹。作为印度教育技术联盟的地区秘书,她也曾组织召开多次省级、国家级和国际水平的年会。她出版了多本著作,发表了一系列研究论文。卡马特还促成了SNDT女子大学与加拿大学习协会、加拿大里贾纳大学、毛里求斯教育学会、马来西亚槟榔岛瓦瓦逊公开大学等教育组织的紧密联系,她坚信通过共同研究与合作,高等教育的全球化与国际化定能实现。

当问起SNDT女子大学与其他女子大学及传统大学的区别时,

卡马特认为，在这个全球化时代，SNDT女子大学作为一所女子大学，应更加关注女性问题。这也是学校专为女性设置三门本科课程（两门设在大一期间，一门设在大二期间）的原因，这些课程会使她们关注各种重要的女性问题。同时，学校还开设了一门仅为该校所有的网络化学习和教学设计的硕士课程，研发了家政学、技术、管理、教育、护理等其他非常特别的课程，并致力于为国家培养这些专业人才。例如SNDT女子大学非常著名的LT护理学院是印度当时第一个隶属于女子大学的护理学院，在亚洲也是第一个。以前的护士或女士们都要离开孟买去别的城市接受护理教育，现在不仅可以在当地学习，而且这所大学与孟买的大型公立医院都有联系。很多在这里攻读学士学位的女性都顺利走上了工作岗位。直到今天，SNDT女子大学的很多毕业生不仅在印度，而且在许多欧洲国家、美洲国家获得了工作机会，SNDT女子大学的教育背景和教育质量使她们能够胜任世界任何地方的工作。SNDT女子大学医学教育的实践基地是大学附属的公立医院，这些医院都是慈善医院，为非常贫穷的人提供就医条件。在那里工作就是在服务来自社会最底层的患者。SNDT女子大学的模式使得学生得到了大量在公立医院实践的机会。这样的机会，强化了她们的知识和技术，同时，也深化了她们对职业的认知，使她们懂得了从医须具备谦卑、真实和诚实的态度。没有这样的职业素养，就不能在工作中践行职业道德。同中国的许多高校一样，SNDT女子大学也有女性学习研究中心，那里提供了大量关于女性问题的资源和参考材料。

卡马特在学校的运行管理中亲力亲为，这被她称为"参与式管理"，她喜欢深入到教师队伍和校委会成员中去参与决策过程。在遇到棘手的问题时，深入的观察也能帮助她客观公正地做出决策。在接任SNDT女子大学副校长后，她的愿望始终如一，便是把这所学校打造成一所世界级大学，她一刻未停地努力着，从增强创造力与创新能力到世界水平课程的设计和落实（包括学科的融合、公开与远程学习的强化），从教师队伍发展到信息与通信技术的整合，从不断地吸引投资和挖掘资源到教育教学质量的监督和保证，从学校与工业界的积极合作到与国际、国内大学和组织的沟通与互动，这几乎耗尽了她全部的精力、耐心和时间。

　　一路走来，她为了她所钟爱的教育事业疾驰在人生的高速路上。很多时候，她因为前方密布的荆棘而忘记了自己也是一位胆怯和柔弱的女性，而更多时候，来自女性的柔韧又使她义无反顾、勇往直前。作为女性领导者，她的宽厚和细腻是天性使然，这也为她赢得了更多的理解与支持。回首这几十年的教育生涯时，她对自己的学生满怀着一份责任和挚爱，对曾经帮助、扶持过自己的师长和亲友怀有深切的感激之情。作为旁观者的我们，真心为这位杰出女性的努力和成长而感动、骄傲。

第二篇　吉萨·巴丽

一、初识巴丽：与智慧邂逅　与爱相约

二、教学相长：痴迷研究的女科学家

三、临危受命：魄力十足的女校长

初识巴丽：与智慧邂逅 与爱相约

> 爱是生命的火焰，没有它，一切变成黑夜。
> ——罗曼·罗兰

和吉萨·巴丽(Geetha Bali)教授的"邂逅"是上天赐予我的一件珍贵礼物，这不仅缘于她是印度高等教育女性领导者的杰出代表，更由于她真诚、热情、开朗与质朴的个性特征和人格魅力深深地吸引了我。和她谈起我们所进行的世界大学女校长研究项目时，她非常理解和支持，兴奋之情溢于言表。对于策划、发起和领导整个宏大项目的中国传媒大学荣誉校长刘继南教授，她表现出了由衷的尊敬与钦佩。当她作为我的采访对象参与到大学女校长研究项目时，我们对于合作细节的探讨几乎一拍即合。

吉萨·巴丽，起初见到这个名字的时候我最先想到的就是那位风华绝代的宝莱坞电影明星吉萨·巴丽，她凭借姣好的面容、精湛的演技（尤其是美丽的古典舞舞姿）成为印度20世纪五六十年代电影形象的标签，很多人为她因感染天花英年早逝感到非常惋惜。因此，由这个相近的名字，我开始浮想联翩，我的受访者到底是一个什么样的人呢？她也会像电影明星巴丽一样在很多人心中是个神一样的存在吗？我们的交流会顺利么？值得庆幸的是，接下来发生的事情打消了我心中的疑虑和不安，由始至终，我都在一种放松又兴奋的情绪下完成了此次任务，甚至可以说，是巴丽帮助了我，成就了我。

宝莱坞电影明星吉萨·巴丽

由于路途遥远且工作繁忙，我们不能时常见面，所以撰写这本书的材料大多是由巴丽或者她的秘书整理之后通过邮件发送给我的。几次接触下来，巴丽最令我感动的是她的热情，不管手头的工作多么繁忙，对我提出的问题她都有问必答，尤其是提到她的家庭生活时，她更是侃侃而谈。虽然我们之前素未谋面，因为这次的采访才产生了交集，但巴丽的真诚让我感觉我们好像已经相识很久，这对作为采访者的我来说，莫不意味着一种幸运。

在交流中我发现，巴丽是典型的射手座性格，总能保持孩子般的天真与热情，对世界有无限的好奇心和求知欲，对自由的追求也是无人可挡的，这样的人总能带给身边人正能量。射手座喜欢表达自己，即使在陌生人面前也无所畏惧，巴丽就是如此。从她充满感染力的话语中，我常常能感受到她对生活的热爱，她从不吝啬用丰富的言语来表明心迹，只希望我能够真正理解她的意思。这不仅令我对她心生好感，更使我产生了将所了解的真实的巴丽用文字展现出来的责任感。

传统家庭走出的新女性

巴丽出生于一个传统的印度大家庭，上有三个姐姐和三个哥哥，下有一个小她三岁的弟弟。和许多印度家庭一样，这一家老小的生活来源全靠她的父亲。巴丽对父亲更多的是崇拜和敬仰。在巴丽的眼中，父亲是自己的偶像，虽然巴丽的父亲出身低微，幼年丧父，从小在孤儿院长大，后来靠哥哥的经济资助才艰难地成长起来，但他凭借自己的智慧和不断的努力考进了名校，最终成为一名非常知名的律师。也许是因为尝过了生活的艰辛，身为律师的父亲更能体会百姓生活的不易，在父亲的职业生涯中，他自始至终从未忘记应该坚持正义，而不能仅仅为了谋利而工作，也正因为如此，他受到了很多人的尊重。父亲的为人，年幼的巴丽都看在眼里、记在心里，这无疑也影响了巴丽的人生观和价值观。许多年以后，巴丽坐上了领导者的位置，对待工作也是一如父亲般严谨认真，对待下属和民众和蔼可亲。她懂得像她的父亲一样在该努力争取的时候据理力争，而功成名就之后，选择退到幕后去做那个无私奉献的铺路者，为身边的人创造机会，成就后来者的梦想。

通过巴丽对父亲的叙述，我的脑海中浮现出这样的一个伟岸的形象：身体健壮、着装光鲜得体、持着时尚的手杖，他正襟危坐，头发梳得一丝不苟，鞋子闪闪发光。巴丽说父亲非常热爱音乐，小时候父亲常常在家或者家门口举行音乐会，他会演奏维纳，那是一种经典的南印度弦乐器，他还给每个孩子都安排了专门的音乐老师。除此之外，他对戏剧也颇有研究。在父亲的身上，巴丽能够看到那一代人身上的特质：父亲能够讲一口流利的英语，同时又精通古印度的梵文；他穿新式的服装，也穿传统的印度服装；他是一个宗教人士，脑海里有根深蒂固的旧思想和旧观念，但是也不断地接收新的观念，尤其在对孩子的教育问题上，他会做出适当让步。成长于这样的家庭环境中，巴丽受到艺术和文化的熏陶，能够接触到很多贫穷孩子没有机会接触的东西，从小就有开阔的视野。然而，虽然父亲的事业非常成功，在社会上也非常有影响力，但巴丽和其他的兄弟姐妹一样并没有因此而具有任何优越感。因为父亲希望他的孩子们通过自己的努力取得成功，而不是借助他的光环，在庇护下成长。巴丽性格中的坚强和独立与父亲的这种教育方式自然是分不开的。

一份来自剑桥大学的研究表明，母亲的基因对孩子的智力发育影响最大，而父亲的基因更多地影响孩子性格和情感，因此有了"智力来自于母亲，情感来自于父亲"的说法。根据这一说法推断，巴丽的性格和情商大多受父亲的影响，而她的聪明才智则是母亲的遗传了。事实上也的确如此，虽然受过的教育有限，

南印度弦乐器：维纳

十岁就早早结婚，但她的母亲非常聪明，她会修理家里的开关、火炉和蒸汽锅；她有惊人的记忆力，可以记住非常复杂的设计图案，而且每个孩子从幼儿园时期到现在跟她讲过的生活和学习中的事

情她几乎都记得。

巴丽的母亲出生于传统印度家庭，是一位深受印度古典文化影响的家庭妇女，在她的身上，我们能看到许许多多印度妇女的缩影。巴丽的祖父精通阿育吠陀医学①，不熟悉印度的人可能不清楚，阿育吠陀医学之于印度人的意义就如中医之于中国人一样。没有一个印度人不知道阿育吠陀，就像没有中国人不知道中医一样。相对于西医来说，以阿育吠陀医学和中医为代表的东方医学不仅是一种纯粹的药理学和自然科学，这两种伴随人类成长起来的生命科学与人类生活的方方面面息息相关，所以与其说它是一种科学，倒不如说是能够提高生活质量的哲学。和中国传统医学基础理论的核心强调人体阴阳平衡不同的是，阿育吠陀更加广泛地关注人类与自然、家族、友人、职业、文明、理念、习惯、真理、神灵等之间的协调关系，在思考"健康的维系与促进"和"疾病的解释与治疗"时，实际上是将肉体、精神与灵魂三者合为一体加以考虑的。这其中包含了许多在今人看来应属社会、人伦和宗教的问题，但在阿育吠陀的理论体系中，这些都是与健康直接相

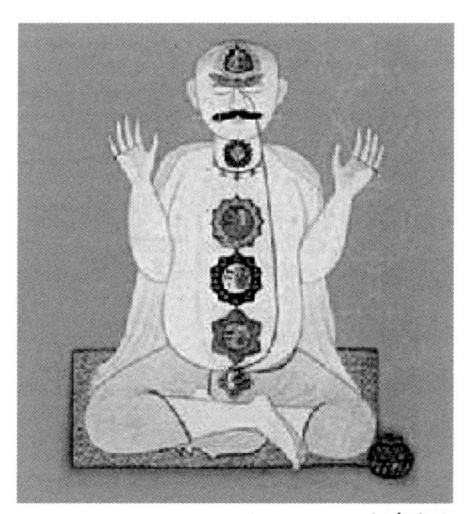

阿育吠陀

---

① 阿育吠陀医学，属于印度的医学体系，又称生命吠陀医学和悉达医学，阿育吠陀医学被认为是世界上最古老的医学体系，至今已有五千多年的历史。

关的问题。①中国人所熟悉的瑜伽便是阿育吠陀养生医学的一种养生方式。

阿育吠陀医学承载了印度古典文化和自然科学的精髓，巴丽的母亲也从小便耳濡目染很多药物、植物、动物和自然方面的知识。巴丽说每天早餐过后她的母亲都会在阳光下花几个小时来收拾她的花园，那里种着一些稀有的植物和蔬菜，无论哪个孩子不舒服了，她都能把他们慢慢地调理好，让他们恢复健康。我想在巴丽的心中，"母亲"一定是个温暖的词汇，包含着那些无微不至的呵护、那双能够带来希望和惊喜的手以及那个时刻被阳光笼罩的身影。

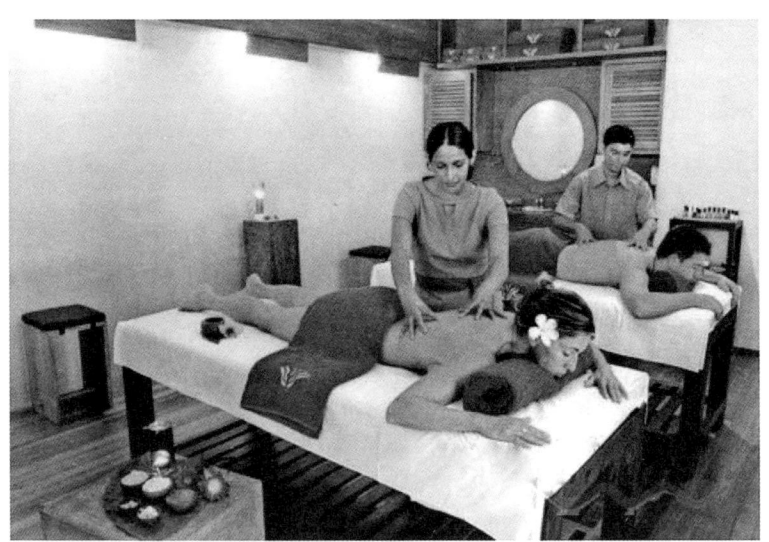

印度传统按摩

---

① 参见http://www.douban.com/note/53991854/ 妙·的日记 阿育吠陀医学主张的日常生活习惯 2009-12-19。

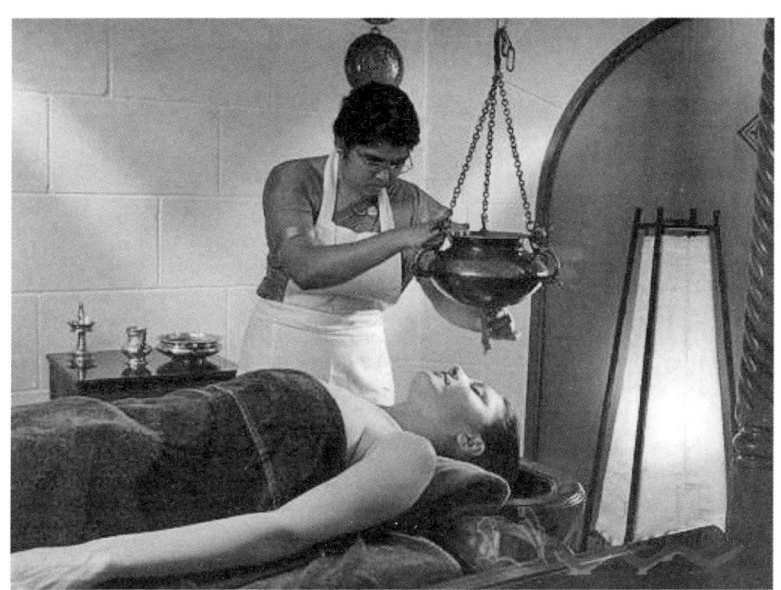

阿育吠陀医学和中医中最常用的半数草药在使用和特点解释上是相同的,比如药物的属性分为寒热

传统中药

瑜珈

　　良好的家教给予巴丽母亲的不仅是足以应对生活琐事的知识，更塑造了她的心性和脾气。虽然不能去接受系统正规的教育，但是巴丽的母亲非常热爱学习，她能从孩子们身上学到很多的东西，这些经验积累起来使她反而成了家中最博学的人。她也非常热爱音乐，每天做好饭之后会在一旁听孩子们上音乐课。这让我想起泰戈尔的那首著名的散文诗《金色花》，巴丽的母亲正如文中的妈妈，在种满金色花的院子里，在四处弥漫的花香中劳作、祷告，而她的孩子们在一旁快乐地玩耍嬉戏，跟妈妈捉迷藏，缠绕在妈妈的膝头求妈妈讲故事。

　　巴丽的母亲虽然是个全职家庭主妇，但操持一个有着几十口人的大家庭，每天能够做到事无巨细也并非易事。每天为家里差不多二三十口人做饭是一项非常浩大的工程，然而在巴丽的记忆中，母亲做的饭从来都是很美味的。尽管每天要照顾很多的孩子和亲戚，她还是非常漂亮，身材很苗条，头发梳洗得一丝不乱，非常整

印度母亲

洁。尽管在年龄和教育程度上存在差异,但是因为她强大的持家能力和良好的自我修养,巴丽的父亲仍旧非常爱她并且尊重她。巴丽说父亲有时候会和朋友一起打牌,这是他唯一痴迷的娱乐方式,所以回家会很晚,这样家中的一个孩子就要去给父亲开门。但是如果父亲晚回家的次数太频繁,母亲就让孩子们不要去开门,而父亲也不敢提出任何抗议,默默地接受了这种待遇,之后的好几个月他都不敢再这么晚回家了。听到这儿我非常意外,因为在我的印象中印度的妇女是绝对不敢这么对待丈夫的,巴丽的母亲之所以能这样做,想必是深受她父亲的宠爱。不过转念一想,有一位能够将家中打理得井井有条,而且非常善解人意、聪明伶俐的贤妻,哪个男人会不珍惜呢?

虽然深得丈夫的宠爱,巴丽的母亲仍是一个观念比较保守的人,在很多规矩上非常坚持。巴丽说她的母亲做饭的时候是从来不吃东西的,她只有在所有的人都吃饱之后才吃。而且直到20世纪50年代末,她都从来没有出过家门或者和陌生人面对面。只有一次她在天黑的时候坐出租车回了一趟父母家,然后又马不停蹄地坐出租车回来,算是出了一趟门,终究没有在公共场所露面。节日期间巴丽家会来许多客人,但邻居们也很少能在屋子外面看到她,她只有和父亲一起去特殊的场合,例如婚礼或者前往其他城市朝圣的时候才会出门。这一切都跟她从小受的教育和印度的传统有很大关系。

在印度,女性的地位很低,正如小说《恒河的女儿》里所呈现的,印度是一个男女不平等、男人主宰女人命运的国家,在这样的环境里女人是没有自由的。女孩子一般都在十岁左右由父亲做主嫁给比她们大十几岁的男人,她们要为丈夫生养孩子、操持家务,还要自己挣钱。她们的父亲和丈夫都不愿自己的妻子外出,最好连屋门都不出,就算出门也要蒙上面纱,只留一双眼睛。如果被发现和男人讲话,妻子一定会遭到各方的流言蜚语甚至是丈夫的责骂。直至今日,印度严格的等级制仍旧控制着印度社会的方方面面,妇女作为生育工具、干活机器的社会地位没有太多改变。

不过巴丽的母亲也是幸运的,她嫁给了受过教育

小说《恒河的女儿》

的开明的丈夫，即使偶尔犯错也会得到原谅，更没有受过侮辱和冒犯，有一次母亲做菜忘了放盐，父亲从头到尾都没有提及此事，后来还是母亲吃饭的时候发现的。两人虽然在许多问题上的看法有分歧，但也相敬如宾，不伤害对方，这在印度也是少见的。这样和谐的家庭氛围对巴丽必然产生很大的影响，她认识到文化教育的重要性，这一点也在一定程度上坚定了巴丽今后投身教育事业的决心。

虽然巴丽的母亲在表面上从不越雷池半步，但她对印度的男女不平等制度还是心知肚明的，她和父亲一样，非常重视对子女的教育，希望每个孩子都能有一技之长，可以立足社会。巴丽回忆说，母亲常会教姐姐们做衣服、刺绣、用钩针做针织品（类似于织毛衣和织钩针坐垫）这些家务活儿，还会教给孩子们印度的传统语言，教他们写文章和速记等，孩子们还跟她学习古典乐以及欣赏艺术品，而这些都是母亲从父亲或者大一些的孩子那里学会的。巴丽在母亲的培养下学会了古老的梵语、乐器。更难能可贵的是，她在母亲的鼓励下还偷偷学会了游泳和开车，这可是别的印度女孩子想都不敢想的。

在印度，女孩子不捂得严严实实出门已经算是稀奇了，何况在大庭广众之下穿着泳衣，开车更是不属于女性该掌握的技能：一方面是因为女性本来就不太有机会出门；另一方面，接触社会人员比较多的都是男性，印度的售票员、服务员、小贩几乎都是男性，女性更多的是在田间地头劳作或者养育孩子，做些低等的活儿。巴丽的母亲非常鼓励女儿运动，巴丽的乒乓球打得非常好，大学的时候还参加学校的特尼克（Tennikoit）和可可（KHO kho）项目，这两种都是印度比较独特的体育运动。特尼克是一种类似于网球的运动，而可可类似于我们小时候常玩的游戏"丢手绢",在印度的学校里也非常流行,每年还有专业级别的可可比赛,每个学校都有校队参赛,巴丽曾是其中的一员。巴丽说,虽然现在不常运动,但她还是很感谢母亲能让她的童年以及青少年时期留下许多美好的回忆,她说没想到母亲这么开明能让她学习这些运动项目。

巴丽对母亲的许多描述彻底颠覆了我对印度妇女和家庭的认识,让我看到了一位明事理的母亲和一个民主的家庭。在我的脑海里,印度不再是一个只有封闭的女人和高高在上的男人的国度,不再是故步自封、拒绝新事物的古老社会;相反地,那里有文明的、民主的萌芽在慢慢生长,在那散发着莲花的幽香的恒河两岸,越来越多年轻的印度人用他们的精彩人生重新定义和诠释着他们眼中的幸福。

传统的印度女性

巴丽的美满婚姻

"很少有男人，更少有女人不结婚。"巴丽说，"我想男人一般都希望被照顾，享受更加幸福和舒适的生活；女人则可能会因为想获得安全感而结婚。但是，女人一般是因承受着巨大的社会压力而结婚的。"曾经有调查结果显示印度的婚姻状况（见表1），20世纪60年代，印度育龄妇女（15~49岁）的未婚率仅为6.9%，而且15~19岁有配偶的比例达到了69.6%，20~24岁的有配偶率是91.8%。由此可以看出，印度适婚妇女的结婚率是很高的，而且结婚的年龄普遍比较早。再来看离异或分居的数据，几乎不到1%，也就是说很少会有妇女选择离婚。到了70年代，童婚的现象稍有改观，离异的比例更低了。

表1 印度15-49岁育龄妇女婚姻状况[①]

%

年份	15-49合计	15-19	20-24	25-29	30-34	35-39	40-44	45-49
1961年								
未婚	6.9	29.2	6.0	1.9	1.0	0.7	0.6	0.5
有配偶	84.4	69.6	91.8	94.2	91.4	87.0	77.7	69.7
丧偶	7.7	0.5	1.3	2.9	6.4	11.1	20.7	28.8
离婚和分居	0.9	0.6	0.9	1.0	1.0	1.0	1.0	0.9
不详	0.1	0.1	0.1	0.1	0.1	0.1	0.1	0.1

① 参见曾鸿：《中印育龄妇女婚姻状况比较分析研究》，《西北人口》1988年第3期。

续表

年份	15-49 合计	15-19	20-24	25-29	30-34	35-39	40-44	45-49
1971年								
未婚	10.1	12.9	9.0	2.0	0.9	0.5	0.6	0.4
有配偶	83.9	56.3	89.4	95.6	94.5	91.7	84.5	78.5
丧偶	5.3	0.3	0.9	1.8	1.0	7.0	14.2	20.4
离婚和分居	0.6	0.4	0.6	0.6	0.7	0.7	0.7	0.6
未婚	0.1	0.1	0.0	0.0	0.0	0.0	0.0	0.0

这一独特的婚姻现象跟印度国情密不可分，印度文明历史悠久，传统文化源远流长，对当今的印度仍然有着十分明显的影响，在全国将近80%人口所信奉的印度教的教义里，婚姻是命运的安排，并且是一种不可撤销的、纯粹的、永恒的宗教意义上的契约，不仅是一个男人和一个女人的结合这种简单的关系，而且是在两个家庭之间建立起来的关系，双方都有责任维持这种关系。①在宗教教义的规定下，印度产生了独具特色的婚姻现象：童婚（结婚率高，离婚率低，结婚时女方的嫁妆丰厚）。

印度童婚

童婚是印度教长年

---

① 参见《印度人离婚不容易》，印度中文网，http://www.indiacn.com/national/introduce/10647.html。

沿袭的一项旧规，在许多历史悠久而且比较封闭的地区仍然存在。印度的经典典籍《摩奴法典》有明确的规定：24岁的男子应同8岁的女孩结婚。一些其他的宗教经典也多次提过，父母若能让自家的女孩在发育之前结婚，那么死后便可以升天。因此，童婚在印度不只是一种风俗，而是他们所信奉的宗教教义中的一部分。到了中世纪，印度战火硝烟四起，适婚男子数量大大减少，不愿意同异族通婚的印度教徒父母们更加心急地要把未成年的女儿嫁出去。如此一来，印度的童婚现象更加普遍。2005年至2006年年度印度进行的全国家庭健康调查显示，全国人口中有22.6%的女性选择16岁以前结婚，将近一半（44.5%）的女性会在16至17岁之间结婚，还有少数（2.6%）的女性不到13岁已经结婚。童婚导致的后果是：原本社会地位就很低的女孩更加得不到保护，不仅小小年纪就失去自由，不能接受教育，要干粗重的家务活，还要过早担负起生育的重任，由此造成的身体和精神上的损伤更是无法计算的。

对印度婚姻状况影响更大的是种姓制度。种姓制度是印度社会所独有的一种等级制度，将人口按照"洁"与"不洁"分为四个等级，从僧侣贵族到平民贱民，世代相传不可更改。种姓制度中女性的定位天生就低于男性，女性是男性的附属品。《摩奴法典》中规定："小姑娘、中青年妇女和老妇，决不可随自己的意思处理或决断家事。""妇女少时从父，出嫁后从夫，夫死以后从子，无子的听从丈夫的近亲族，没有家族亲人的听从国王，总之妇女之辈始终不能随意自主。"种姓制度规定印度教教徒只能与同种姓的人通婚，或者顺婚（男子可以选择比自己种姓低的女子为妻），女子只能选择比自己种姓高或者相同种性的男子。所以同种姓内，女性的择偶

印度电影《月亮河》剧照

范围极其有限,而要想"攀高枝"嫁给高种姓的男子就得陪嫁妆,这样才会保证女性婚后的家庭地位。这会给女方的父亲带来很大的压力,因为男人一辈子的重大责任中有"嫁女儿"这项,这是被写进宗教法典的,如果他不能把女儿嫁出去,他就失责,这也是印度父亲们经常倾家荡产也要给女儿陪嫁妆的原因。

为了改变现状,印度政府近年来做了很大努力。首先,随着法律的不断推进,在现代婚姻制度中,宗教法的地位在不断下降。1947年,独立后的印度实行民主制,广大妇女纷纷要求政府提高她们的地位。为了缓和这一矛盾,印度政府在随后的立法改革过程中,针对印度特殊的婚姻制度问题采取了区别对待的方式,分别设置了两个法律体系:一个是广泛适用于全体印度人的印度共和国婚姻家庭法,另一个是适用于虔诚的印度教教徒的印度教婚姻家庭法。其标志性事件为印度在1955年先后通过了《印度共和国特别婚姻法》和《印度教教徒结婚与离婚法》,随后又颁布了其他的一系列补充性的法律条例,规定废除种姓婚姻,提高婚龄(不论个人的宗教信仰,男女婚龄一律分别提高到21岁和18岁),禁止置办和索要嫁妆。另外,印度于1956年颁布的《印度教婚姻法》还明确规定,缔结婚姻的合法性要由法律特别认定,形式由各地的风俗习惯和礼仪认定,禁止出现一夫多妻现象,重婚为犯罪,离婚被允许。

其次,除了法律,印度政府大力推行的女子教育政策在某种程度上也淡化了种姓意识以及宗教法典对现代女性的婚姻束缚。1921年时,印度妇女的识字率仅为1.8%,随着20世纪30年代女子高等教育的逐步发展,妇女的识字率在1941年时成功达到了7.3%,并且在印度妇女中还出现了一批受过高等教育、思想先进的知识分子。这些受过教育的妇女对旧的婚姻制度的反叛呼声越来越大,她们不再将自己看作男性的附属品,对社会分工也有了明确的认识,她们要求自己有受教育的权利,要求婚姻中男女地位平等,巴丽就是其中的一个。

"对我来说,婚姻是人生旅途中的伴侣。"相信这一说法会被很多人认可。如果婚姻没有"父母之命,媒妁之言"的压力,没有谁从属于谁的不平等地位,没有宗教或者社会的驱使,纯粹是由两个在人生道路上因缘分而相遇、自愿结伴而行的人缔结的灵魂契约,那将是多么美好。从巴丽的描述中,我明显能感觉到婚姻关系带给她的是轻松而非负担,"我觉得结婚和建立家庭是好事。它将一个人的人生和视野都拓宽了,使得生活的目的性增强了,而不是仅仅追求一种丰富的经历。"的确,好的伴侣不仅能够相互扶持、减轻人生在世的孤独感,而且会给人们的生活带来全新的感受,例如新的关注点、新的思维方式、新的反应模式和新的解决问题的方法。而这一切都能极大地丰富一个人的阅历:一方面可以让视野不再只集中在自己身上,不局限于自己比较狭小的空间范围;另一方面也能让人们学会包容。"一个人通过家庭生活可以变得博爱。人们说,慈善从家开始。当一个已婚的人学会了理解、容忍、妥协和为家庭做出牺牲,那么对家庭以外的人做出同样的事就变得容易多了。"曾有人说:"我们不能决定生命的长度,但可以扩展它的宽度。"如果说巴丽生来是幸运的,是因为她出生于良好的家庭——有一位学识渊博的父亲和一位聪明善良的母亲,那么在脱离了父母之后,选择了一个能够"扩展人生宽度"的好伴侣,也是她作为女人的幸运。

巴丽的丈夫斯坦莫塞(L.S. Satyamurthy)是一位太空科学家,曾任ISRO(印度空间研究组织)①的副主席,比她大两岁半。巴丽把丈夫看成是最好的朋友,二人相濡以沫,相敬如宾。他们不会干扰彼此的工作和生活,但是一旦巴丽在工作上遇到困难,斯坦莫塞都会站在她的身后为她分忧解难,坚定不移地支持妻子的工作。当巴丽处于两难的境地或征求他的意见或建议时,他也会立马提供宝贵的可供选择的方案。之前当我问到巴丽欣赏哪一类型的男人的时候,她给出的答案是"侠义、有远见、聪明、博学、幽默、不功利且心胸开阔"。现在我想这些形容词大多来自于她对丈夫的描述,巴丽说斯坦莫塞是一个极富同情心、大方、心胸宽广的人,是"时刻准备帮助他人"的人。这样的性格为他赢得了很多赞赏,他的同事们、朋友们,还有平日受到他及时帮助的亲人们都很喜欢他、尊重他,我想巴丽应该也为拥有这样一位优秀的丈夫而感到骄傲。

"他非常友好,喜欢他的下属,并为他们提供机会。"巴丽说,自己从他身上学到了很多东西,也学着试图克服自己的某些缺点,尤其

---

① 印度空间研究组织(Indian Space Research Organisation, ISRO)是印度的国家航天机构,创建于1972年,其总部位于班加罗尔。

是在对待别人的态度上，巴丽很喜欢现在的自己。她说，"我很高兴能够克服自己之前那种嫉妒、易怒和记仇的性格弱点，能够从心底里欣赏别人，发现别人的长处，也喜欢引导和鼓励一些处于弱势的女性，这些都让我变得比以前更加完美了。"巴丽认为完美的女性必须要具备这样的素质：温柔大方、不嫉妒不攀比、聪明智慧、衣着得体、消息灵通、擅长交流，最重要的是要有能够和所有人相处的能力。我想如果用我们的中国话来形容的话，"水一般的女人"再合适不过了。

每一个女人都希望能找到这样一位既尊重自己的独立性，又能给予包容和爱，能让自己变得更加完美的伴侣，可是找到这样的一位伴侣可不是那么容易的，巴丽能有这样的运气，还要感谢她的母亲。巴丽说是她的母亲顶住了巨大的压力，才确保她嫁给了一个"合格"的人。因为她的父亲，包括她的哥哥们受印度传统思想的影响，还是希望她早些结婚的，巴丽的母亲却支持她完成学业之后再结婚。在为小女儿找结婚对象这件事上，巴丽的母亲可是一点都不含糊，她会从多角度去考虑，"找最好的、不可将就"是她的原则，她的姐姐们也为此反反复复地确认对方是否是个值得托付终身的人。有了亲人的把关，巴丽从来不用担心男孩和他的家人是否有问题。所以巴丽说："虽然我是包办婚姻，但是竟然是完美的，这要感谢我的母亲。如果没有母亲对我的教育和研究的支持，我无法想象我的生活会变成什么样子。"

在巴丽的心目中，母亲是对她影响最大的人。因此当巴丽自己组建了家庭，她也开始学如何做一位与自己的母亲一样伟大的女人。和母亲不同的是，巴丽不再是一个全职的家庭主妇，工作和研究占用了她很多的时间,她要做的不只有相夫教子,还要在事业上打拼。和如今很多事业型的女人都坚持独身主义不同,巴丽认为家庭仍旧是女性不可或缺的部分,虽然要花很多的精力来平衡事业和家庭这二者的关系,但巴丽觉得只要用心去做,就一定能够找到解决二者矛盾的办法。所以巴丽不仅没有为此感到困惑,反而觉得二者是可以相互促进的,在工作上获得的成就感可以促使她更加热情地投入到家庭生活中,家庭生活中的闲适和放松也会给紧张的工作增添一些色彩。

家庭生活中的巴丽是放松的,不过巴丽是个闲不住的人,对她来说时间是最宝贵的东西,即使在家,她也会找点事做,让自己觉得充实、有意义。除了喜欢通过整理东西来释放平时的工作压力之外,她还热爱烹饪,菠菜奶酪是她的拿手菜,斯坦莫塞非常钟情于这道菜。像母亲一样,巴丽也喜欢园艺,但是没多少时间来打理,也不如母亲有"妙手回春"的本事,不过像她这种做家务的时候还时不时跑到电脑跟前看两眼工作内容的女性,能做到这些也已经很不错了。受父亲的影响,巴丽喜欢听古典乐放松心情,这是她的爱好之一。巴丽最喜欢的电影明星是宝莱坞的阿米尔·汗,这是个传奇人物,虽然他44岁时在《三傻大闹宝莱坞》中饰演20岁大学生兰彻才被中国观众熟知,但这位出身电影世家、年少成名的电影天才的个人经历堪称经典,他的故事

宝莱坞影星 阿米尔·汗

也足够拍一部电影了。从天才少年到网球运动员，从演员到导演、制片人，从电影到电视，阿米尔·汗把他尝试的每一个角色都饰演得准确到位，无论做什么，阿米尔·汗都认真对待，遵从自己的内心，也坚守着他作为公众人物的责任。巴丽欣赏阿米尔·汗，在很多事情上的态度和做法同阿米尔·汗也是一致的，她热爱工作也热爱家庭，在自己的领域不断努力并利用自己所长为社会进步做出贡献。阿米尔·汗通过电影来召唤社会的正能量，巴丽则是投身教育事业来推动印度文明的进步。

即使夫妻都很忙，在教育孩子的问题上，巴丽仍是家里对此事付出精力最多的人。她的女儿兰泽娜·巴尔加瓦（Ranjana Bhargava）是美国著名的佐治亚洲癌症专家机构（GCS）[1]的医生，丈夫是就职于美国马里兰州巴尔的摩市谢泼德普拉特健康中心的维奈·那格拉（Vinay Nagaraj）博士[2]，两人现居住于美国佐治亚州的雅典城，有一个21个月大的儿子。兰泽娜在美国读书直到高中毕业，在印度获得医学学士学位，并获得了南卡罗来纳大学内科医学硕士学位以及美国马里兰大学血液学和肿瘤学的奖学金。在整个学生阶段，她都非常优秀，在小学时就名列前茅，高中时因各科全A获得过美国总统奖。

提及女儿，巴丽的自豪之情溢于言表，"她小的时候因为爸爸的工作太忙，所以大部分时间都是我照顾她"。对于夫妻二人都是科研人员的家庭来说，照顾孩子的时间非常有限，所以在这样的家

---

[1] 参见http://www.gacancer.com/our-team/physicians/58-ranjana-bhargava。
[2] 参见http://www.shepppardpratt.org/sp_htmlcode/sp_locations/sp_loc_balt_sp.aspx。

庭里长大的孩子基本上从小就养成了独立的个性，他们不依赖父母，更加早熟，从不提过分的要求。"虽然她很独立，但她总是跟我们分享她在学校所遇到的问题，并听取我们的意见。她喜欢听从我丈夫的建议，他们非常亲密。"在兰泽娜的成长过程中，父母给予的空间是非常大的。一方面是因为他们没有太多时间干涉她的学习和生活；另一方面，巴丽自己从事的是教师行业，在很多人看来，她一定会把职业病带到家里来，对女儿管教非常严厉，而实际上，巴丽在教育孩子方面主张和孩子进行平等的对话和交流，创造民主的家庭氛围，在尊重孩子的基础上给予他们充分的信任。她不会逼迫孩子做他们不喜欢做的事，也不会让孩子从小便觉得处在压力之下，即使有时候孩子犯了错误，她也不会很严厉地苛责他们（因为这样，下次小孩子便会用逃避或者撒谎的方式摆脱责罚），在巴丽的心中，一个淘气的孩子是聪明的孩子，而一个不诚实的孩子才是最不被欣赏的孩子。

不管作为老师还是家长，巴丽对道德教育都非常重视，她说现在家长们和老师们越来越重视如何帮助孩子尽可能多地获取知识，而忽视了对他们进行道德教育。我们的书中的确有着数不尽的新发现和新理论，这是我们的进步，但是这些东西如果完全取代了旧的道德故事以及经典的育人名言也不行，因为这些故事和名言对于启发孩子们的心智、塑造他们的性格、教会他们如何做人做事，以及帮助他们形成正确的世界观都有非常重大的意义。巴丽说，"我至今还记得在我的成长过程中，我是如何把书中的道德故事、伟大的人物和哲学家的人生，以及历史的经验教训中所隐藏着的道德真理和我自己的生活，以及在我周围发生的事情相联系的。

我通过这些东西不断地反思自己，完善自己，这一过程是必需的，不可替代的，可悲的是我发现在目前的学校教育中这一点是欠缺的。"的确，和中国一样，作为同样处于西方文明压倒东方文明、科技压倒人文的世界发展形势下的古老国度，印度正处于打开尘封的历史、扫除心中积淀已久的阴霾、适应世界大同的趋势要经历的痛苦阶段，对于古老的文化，是舍还是留？对于新鲜的事物，是接受还是排斥？我们无法一下子掌握好这个尺度，这需要一代人甚至几代人去摸索，但无论怎么改变，无论文明之间的差异有多大，在很多原则性的标准上都是无异的，这是符合全人类共同价值观的东西，这是普世价值。若是一个国家或民族在普世价值上出现了错乱，那么它没有任何借口来推脱教育的失察。

因此，巴丽认为家庭和学校都必须非常努力地传授道德教育。而在目前家庭格局越来越小的情况下（数据显示印度现在绝大多数是小家庭，目前70%的家庭只有一对夫妇，和以往几代人居住在一起的大家庭模式相比，这一变化仅用了一代人的时间），在学校开展道德教育应该会更为有效。和同龄人一起在学校的氛围中接受道德教育，孩子们会更加重视，因为他们往往认为老师比父母更加有威信，这样一来取得的效果也会更好。作为一个科研工作者，巴丽对教育的重视甚至超过了科研，虽然她说很遗憾没有花更多的时间投入到她所擅长的生物科技研究当中，但是当她说到自己在学校管理上还是做得不错的时候，我能感到她很自豪。在巴丽看来，科技研发固然重要，但相比之下，如何通过教育将文明延续下去，或者通过教育切实地改变一些人的命运，真真正正地推动人民素质的提高和整个民族文化的发展，才是更加有价值的。

教学相长：痴迷研究的女科学家

知识本身没有告诉人怎样运用它，运用的方法乃在书本之外。

——（英）培根

正如前文所提到的，巴丽是印度20世纪六七十年代为数不多的能够接受完整高等教育的女性之一。最初，她的求学道路并不被家人看好，她的父亲和几个哥哥没有一个人支持她一直读下去，巴丽在母亲的力挺下才得以顺利完成学业。1970年她在印度著名的班加罗尔大学成功拿到了理科硕士学位，又于1975年获得了该校神经生理学专业的博士学位，这是非常不容易的。班加罗尔大学是一所公立综合性大学，接受国家政府的拨款并由政府直接经营管理，它成立于1964年7月，是印度最大、最著名的大学之一。班加罗尔是印度南部卡纳塔克邦的首府，人口约650万，在城市规模上是印度的第四大城市。班加罗尔在科学技术方面非常出名，是印度有名的"软件金三角"之一，在国际上具有印度的"硅谷"之称，并且号称是印度的"科技之都"和"知识之都"，有"航空技术中心""生物技术中心"的美誉。整个城市的环境也是印度数一数二的，在以天气炎热著称的印度，班加罗尔全年最热的4月份平均温度也只有27.1摄氏度，即使在最冷的1月份平均温度也有20.4摄氏度，因此这座气候宜人、四季如春的城市成了印度最美丽的"花园城市"。作为印度重要的科学技术研究中心，许多的大学和研究院坐落于这座城市，其中就包括著名的印度科学学院。其他重要的研究院还有印度天文物理学学院、拉曼研究学院、贾瓦哈拉尔·尼赫鲁高等科学研究中心、印度国家生物学中心和印度统计学院。

作为一名同样受过高等教育的女性，我非常钦佩巴丽不仅能够在当时的环境下坚持学业，而且还在通常所认为的女性并不太擅长的生物化学领域取得了如此高的成就。从我的成长经历来看，要记住那些复杂的化学分子式和形形色色的材料名称简直难如登天，但当巴丽提到她的研究时，眼神中放射出来的光芒让我感觉到她一定是如我爱着小说中那些风格各异的人物一般，热爱着她实验室里那些我不知道名字的动物和植物们。在我们的交谈中，巴丽不止一次地向我提到，如果能够重新来过，她一定要把更多的时间投入到她的研究当中去，她愿意为之付出所有。

在班加罗尔大学，巴丽找到了人生的第一个支点——她为之痴迷的科研事业。在班加罗尔大学学习并留校任教的40余年间，巴丽用她人生中最美好的年华印证了对自己专业的热爱。

她在昆虫生理学、神经生理学、神经行为学、分子生物学和纳米技术等领域均有所建树，参与了印度大学拨款委员会（UGC）和印度科学技术部（DST）以及印度主要的国家研发机构——科学工业议会（CSIR）出资的多个科研项目。具体情况如下：

1976-1979年，蚕的神经生理学研究，UGC出资项目。

1976-1981年，蚕的生物学研究，DST出资项目。

1980–1984年，鞭蝎神经生理学研究，UGC科研事业奖金支持项目。

1982年，鞭蝎的电生理研究，德国洪堡基金会出资项目。

1988～1992年，蚕口部表皮感受器的神经电生理研究，UGC出资项目。

1999年，瓦丽莎哈瓦提（Vrishabhavati）河污水和工业废水中的微生物研究，卡纳塔克邦污染控制委员会出资项目。

2001年，含水层和水生生态系统中的重金属研究，UGC出资项目。

2001年，微生物在工业污水中的生物修复作用研究，UGC出资项目。

2002年，雄性棉铃虫的肽分离、纯化和鉴定研究，DST出资项目。

2002年，抗旱性豌豆的基因参与研究，USAID[①]出资项目。
2004年，纳米粒子诊断技术，DST出资项目。

2004年，姜黄素在体内外的抗增殖作用研究，CSIR[②]出资项目。

2004年，结缔组织疾病的抗核抗体、抗原表位映射机制研究，CSIR出资项目。

2004年，重金属压力吸收和老化研究，班加罗尔大学出资项目。

2004年，工业废水金属污染物下的生物修复研究，班加罗尔大学出资项目。

---

① USAID, U.S., Agency for International Development，美国国际开发总署。
② CSIR（The Council of Scientific and Industrial Research），科学工业议会，是印度主要的国家研发机构。

2005年，工业污染土壤的生物修复研究，DOS出资项目。

2005年，花生植株抗旱性的分子生物学研究，CSIR出资项目。

2007年，心肌梗死早期诊断中的纳米粒子作用研究，DST出资项目。

整理这些材料时，时不时出现的术语险些令我抓狂，在这些看得懂字面意思却猜不透内涵的名称面前，我就像《生活大爆炸》里的佩妮面对"薛定谔的猫"一样一头雾水，绞尽脑汁也想不出如何把这些"稀奇古怪"的词用自己知道的知识解释清楚，就暂且让它保持着神秘性吧。

除了必须要列个清单才能向敬爱的读者们交代清楚的科研经历之外，巴丽在学术上的成就更体现在她的著作上。根据查到的资料，她发表过的学术文献一共170篇，包括87篇学术论文，其中43篇发表在外国期刊上，44篇发表于印度本国期刊；摘要性短文共83篇，其中36篇发表在外国期刊上，47篇发表于印度本国期刊。她出版了6本专著、1本书评。我想没什么比这些闪闪发光的数字更具有说服力了。

由于巴丽在科研领域的取得的卓越成就，她常常被邀请参加国际性的学术交流活动。1977年至1978年，巴丽作为洪堡学者在德国法兰克福歌德大学、德国科隆大学进行交流学习；1985年在匈牙利赛格德的阿提拉瑟夫大学交流学习，并获匈牙利科学院专业交流奖学金；1985年9月，加入匈牙利巴拉顿湖沼学会；2003年1月至3月，德国洪堡学者会重新颁发奖学金邀请巴丽前往德国法兰克福的歌德大学进行访问学习。

她还参与了许多和国外研究机构一起进行的合作研究。1993年至1998年，她曾在马里兰大学生物技术研究所参与美国国立卫生研究院（NIH）的一个科研项目；1995年至1996年同美国农业部合作，在马里兰大学公园的农业生物技术中心进行昆虫神经内分泌激素的相关实验；另外1996年至1998年，她还参与了美国国立卫生研究院一个有关神经科学的研究项目，同时巴丽还是位于美国马里兰州、由佛罗里达大西洋大学和佛罗里达大学设立的印美研究所（致力于将生物物质转换为能量，以及工业物质的生态友好型技术的研发）的外国报告人和特殊邀请人。2005年8月，巴丽前往美国得克萨斯州的纳米科学诊断所，开展交流访问，并参与协同工作，之后巴丽还前往美国沃斯堡的北得克萨斯大学的健康科学中心，举办了个人讲座，并同该校老师和学生展开了讨论和交流。

巴丽在科研工作之余始终都抱着发现问题、解决问题的心态，她常常跳出科研项目去观察管理机制上的漏洞，并及时地建议相关部门予以调整。1996年9月，她负责拟写一个关于其科技部门的审议和建议性的纲要文件，并呈交给在华盛顿的印度大使馆。难能可贵的是，巴丽在国外工作时从未忘记自己的使命，不遗余力地为印度和其他国家的合作贡献力量。1997年4月，她曾提交给美国政府一份关于印美研究所的经营报告和建议文件。1999年，因促进美印合作而进行的研究，她被美国佛罗里达大学授予IFAS学者。从一开始，巴丽就是一个"入乎其内，出乎其外"的人，她开放的心态以及广阔的眼界决定了她的人生舞台会越来越宽广，人生道路也会越走越顺。

2007年，凭借在神经生物学的贡献，巴丽获得了印度总理授予的印度科学协会"千年荣誉牌匾"；2000年，凭借在环境领域的研究，巴丽被孟买琐罗亚斯德学院授予感谢奖；2001年，她当选为国家科学院院士。作为一名女性科学家，巴丽因她对科学研究的付出而受到的褒奖还没有结束：2011年，巴丽被选为印度科学大会协会，也就是我们所熟知的ISCA的第99任主席，成为自1914年印度科学大会协会创立以来第4位获此殊荣的女性。印度科学大会协会以推动和促进印度科学事业为宗旨，每年会在印度某城市组织举办一次年度科学大会，有全印度的众多科学家和国外知名学者与会。同时，印度政府方面的政策制定者和国家管理者也会出席大会，就印度社会面临的各种问题与科学家们展开讨论和互动。另外，印度科学大会协会也负责出版有学术价值的科学刊物和文献书籍。如今的印度科学大会协会已经发展成为拥有一万多名学者会员的印度最具影响力的科学团体，每年的科学大会正是为全印度的科学家们举办的盛大聚会。当选为印度科学大会协会的主席，无疑是巴丽职业生涯中的高峰，这代表着她获得了印度科学界的认可与尊敬，她因此赢得了许多的掌声与荣耀，却也承担了莫大的使命和责任。

巴丽在印度科学大会协会得到肯定并不是偶然的，在将近40年的时间内，巴丽一直与印度科学大会协会保持着紧密的联系，并为协会做出了许多贡献：2000年她被选为动物学、昆虫学和渔业部部长；2002年至2008年年间，她担任班加罗尔地区的召集人；巴丽还是印度科学大会协会执行委员会的成员和议会的成员；2006年她成为印度科学大会协会奖励与修正委员会的成员；2006年12月，她代表印度科学大会协会参与了在科伦坡召开的第62届SLAAS（Sri Lanka Association for Advancement of Science，斯里兰卡科学促进协会）年度会议。通过这个平台，巴丽不仅得以和业界的精英就学术科研进行交流沟通，同时也结交了印度高校和科研机构志同道合的朋友，建立了广泛的社交网络，这也为她之后走上行政岗位，致力于学校的建设打下了良好的基础。

巴丽被选为印度科学大会协会的主席后，于2012年1月在布巴内斯瓦尔①组织召开了第99届印度科学大会，18,500多位代表参与了此次会议，这是印度科学大会历史上规模最大的一次会议。参会成员来自世界各地的各个领域，包括许多诺贝尔奖获得者，印度驻美大使馆大使尼鲁帕玛·奥拉（Nirupama Rao），印度人力资源发展部荣誉部长普兰迪斯瓦里（Purandeswari）博士，还有联合国教科文组织的助理总干事格雷琴·卡隆吉（Gretchen Kalonji）博士，他们作为主要嘉宾出席。本届大会有一个风格独特且备受赞誉的主题："女性所蕴含的科学技术创新角色"，这一主题吸引了来自印度国内不同科研机构以及国外科研机构的将近6,000名顶尖女性科学家与会，这个数字同样是前所未有的。印度总理在出席这次会议期间对该主题也赞赏有加。

这是首次把重点放在女性角色上的科学会议。此次大会系统介绍了由巴丽本人提出的"女性科学大会"的概念，其主旨为"科学中的女性以及为了女性的科学"，主要着眼于女性为科学发展所作的贡献，致力于保障科学技术应用中的女性权益，为工作于DRDO②、CSIR、DST、IIS③这些机构中的印度女性科学家们提供

---

① 布巴内斯瓦尔（Bhubaneswar），印度东北部的一座城市，位于加尔各答西南，以其印度教和佛教的神殿而闻名。
② DRDO（Defence Research and Development Organization），防御研究和发展组织，它是印度负责军事技术研究的机构。
③ IIS, India Institute of Science，印度科学所。

吉萨·巴丽在第99届印度科学大会活动现场（一）

吉萨·巴丽在第99届印度科学大会活动现场（二）

吉萨·巴丽在第99届印度科学大会活动现场（三）

一个与各高校以及国外女性科学家交流的平台。巴丽的女科学家的身份，决定了她与众不同的社会属性。这个身份带给了她很多的阻碍和困难，既有来自家庭的或社会方面的，也有来自生理或心理上的，而巴丽却将这些劣势一一转化为优势，正所谓"不能够改变世界，我们就改变自己"。巴丽用她的坚持和智慧在男性主导的领域里获得了认可，她为科研倾注了热情和心血，而科研同样回报给她成就感和实现自我价值的快乐。巴丽利用自己取得的认可去帮助更多的像她一样的女性科学工作者，改变她们的工作环境，实现真正意义上的平等。

第99届印度科学大会logo

巴丽为这次大会的圆满举行付出了很多。事后我才了解到，2012年年初，巴丽刚从卡纳塔克邦女子大学校长的岗位上退休，就立刻投入到印度科学大会的工作中。身边的人都非常关切地问她工作会不会太累，巴丽却说身为印度科学大会协会的主席，为科学大会百年庆典的事情忙碌，辛苦一些也是值得的。但是唯一令她感到遗憾的是，没能抽出时间去美国陪伴自己的女儿——她女儿那时候刚生完小孩，头几个月特别艰难，正是需要母亲陪在身边的时候。巴丽说这话时，我第一次从她的脸上看到了歉疚和悲伤，此时的巴丽不管有多大的成就，也是一个普通的母亲，那种母性的光辉为她涂上了一层圣洁的颜色。这个母亲把对女儿的爱更多地投入到了为印度女性事业的奋斗之中，为了让更多的和她以及她女儿一样的女性在印度能够得到更好的生活，巴丽一直在奋斗着！

"在我的职业生涯中，我一直是一名积极的研究者。同时我也很注重履行自己作为一名教师的责任，我付出了很多时间，尽我所能地去教授、指导并激励学生。"作为一名学者，巴丽参与了诸多的科研项目，取得了丰硕的学术成果；作为一名教师，巴丽更是从未有任何懈怠。在她的教师生涯中，巴丽在教授学生方面始终是不遗余力的，不管是在教师岗位还是行政职位上，巴丽为她的学生、她的学校倾其所有。那些蒙受巴丽恩惠的学生对这位慈母般的老师所做的点点滴滴念念不忘，直到现在很多学生还会在每年教师节，从世界各地送来对她的问候和祝福。巴丽说到这儿的时候，话语间充满了作为一名老师的自豪感和幸福感。我不知道在印度的文化里是否也有像我们的《论语》和《道德经》那样教育孩童尊师、感恩的经典，但我清楚像巴丽这样不计回报、不计得失、乐于奉献的人不论在何种文化环境里都会受到尊敬和赞赏。

巴丽从事教师职业始于1973年留校成为动物学院的讲师。1981年，她成为副教授，1994年被评为教授，2000年成为班加罗尔大学微生物与生物技术学院的院长，2007年卸任。在此期间她指导过多名研究生，并先后担任17名博士学生的导师，经她指导的两名博士生的毕业论文获得了印度教育部最高奖项。

除了继续从事科学研究，在大学讲授课程之外，巴丽找到了人生的第二个坐标——从事行政管理工作。虽然这看似和她所擅长的科学研究并不同路，但实际上二者是紧密相关的。作为一名在生物学院工作了将近20年的老教师，巴丽最能明白教师和学生需要管理者为他们做什么；作为管理者，如何才能给学生和老师提供更好的条件，对于巴丽来说并不陌生。因此，她在2000年至2007年担任班加罗尔大学微生物与生物技术学院院长期间，用实际行动使班加罗尔大学生物系的科研条件和水平上了一个新台阶，同时她也积累了许多行政管理方面的经验。

班加罗尔大学logo

巴丽在担任班加罗尔大学微生物与生物技术学院院长期间，最重要的一项成就就是在班加罗尔大学60多个附属学院的范围内，整合制定了微生物学与生物技术专业的研究生教学课程计划。该计划包括课程研发，制定入学考试标准以及发展成立新的研究生学院等。在她的努力和领导下，班加罗尔大学微生物与生物技术学院在2002年至2005年年间被印度国内的社会调查机构评为印度最好的20个院系之一。

巴丽还为班加罗尔大学创建了许多优秀的教育研究基础设施：借助来自德国AvH①基金会的仪器赞助，建立最新科技的电子心理学实验室；通过来自国内外多家科技研发部门、政府部门以及其他基金机构的资助，建立了设施先进的用于生物技术和微生物学教育研究的实验室；建立了由印度生物技术部资助的生物信息研

---

① AvH（Alexander von Humboldt-Foundation），洪堡基金会，是以德国科学家A.von（洪堡）的名字命名的基金会组织。该组织负责资助德国学者到国外去参加学术交流，并邀请有才华的外国青年科学家来德国的大学和科研机构从事科研工作，并为他们提供奖学金。

班加罗尔大学校园（一）

班加罗尔大学校园（二）

班加罗尔大学校园（三）

究所；同时还建立了纳米生物技术实验室，用于在微生物和生物技术学院进行的纳米生物技术的研究。

在这些新建的设施中，值得一提的是巴丽1998年8月建立的环境清洁技术中心。该中心致力于环境生物技术、农业生物技术、生物杀虫剂和生物控制等研究，最初是为了完成印美两国在环境、能源和生物技术上的合作项目而建立的，它同时也是美国农业部资助的关于花生耐旱研究的多国合作项目的中心节点。环境清洁中心成立了很多与环境相关的课题方面的工作室，完成了许多业界瞩目的项目，吸引了大量印度以及国外的知名教授来这里参加讲座和培训项目。

除了加强基础设施建设，巴丽还负责班加罗尔大学与其他机构的国际合作事务，推动了班加罗尔大学与这些机构之间的学生、老师的交换以及合作研究，其中一些机构包括：美国佛罗里达大学、美国佛罗里达州大西洋大学的环境研究中心、美国佛罗里达农工大学、美国马里兰大学生物技术研究所、美国弗吉尼亚大学的神经病研究实验室、美国塔斯基吉大学、美国北得克萨斯大学健康科学中心、美国得克萨斯州的纳米科技诊断医学中心、美国佛罗里达州的艾贝泰公司、卡纳塔克邦清洁生产中心、班加罗尔的木材科技研究所、佳诺达雅机构（非政府组织，促进为城乡贫困人口服务的创新发展项目）。

巴丽促成的班加罗尔大学与美国佛罗里达州的几所大学之间的合作十分紧密。比如佛罗里达大学曾发起一个为在全美范围内选拔的研究人员提供一个实践性的、关于高等分子生物学的训练项目，有不少教师被指派到班加罗尔大学来参与该项目，并取得了成果;巴丽在班加罗尔大学发起了一项由美国农业部出资的多国合作项目,她作为该项目的亚洲调度员,组织佛罗里达农工大学和孟加拉国农业大学的人员一同参与。佛罗里达农工大学给为美国农业部的项目工作的研究人员提供博士后的职位。

美国佛罗里达大学

在巴丽的积极推动下,许多来自不同国家的科学家们都来班加罗尔大学进行交流。由于篇幅的原因,本文无法一一详述,现将来印度做访问的学者和同巴丽一起工作的合作机构的学者名单列举如下:

帕尔卡教授(Prof. John Palka),美国西雅图的华盛顿大学,1982年3月至5月;

巴斯教授(Prof. F.G.Barth, J.W.),德国法兰克福歌德大学,1992年4月至6月;

甘姆斯·弗莱斯纳教授（Prof.Gunther Fleissner）和吉尔达·弗莱斯纳教授（Prof. Mrs. Gerta Fleissner, J.W.），德国法兰克福歌德学院，1979年1月至2月，2002年12月至2003年2月；

奥戈莱姆教授（Prof. Andrew Ogram），佛罗里达大学，来自美国盖恩斯维尔，2001年1月至2月，2003年8月至9月；

达拉卡纳斯博士（Dr. Sulatha Dwarakanath），美国得克萨斯州纳米科学诊断中心，2007年1月至3月；

公教授（Prof. G.J. Khang），韩国晋州国立大学，2005年1月至6月；

扬·尤金先生（Mr.Yann Jourgen），法国普罗旺斯地区的马赛，2005年2月至8月。

行政工作不同于科学研究的就是它的繁琐和多变。对于从与物打交道到与人打交道的转变，巴丽的体会颇深。她是这样自我评价的："我早前的工作经历，无疑对我之后担任一个大学的校长有很大的益处。我养成了许多好的习惯，比如不依赖他人的帮助，有组织、有条理地做任何事情。这种完美主义的行事风格，使我在当校长的过程中，也受益良多。"的确，没有之前痴迷科研的巴丽，就不会有为了学生而身体力行去改变科研环境的巴丽老师，没有无私奉献的巴丽老师，也就不会有之后在教育事业上魄力十足的女校长巴丽。巴丽对于人生价值的理解和人生坐标的选择随着她对人生，对国家，对社会的责任感的增强而一步步提升：从那个单纯地热爱自然，热爱生命的女孩，一步步成长为今日这位用爱与包容去感化人心，用科学和民主去推进印度文明的行动者，从而达到了人生的巅峰。

在印度，像巴丽这样受过良好的高等教育，有很高的学术造诣，同时肩负着管理一所女子大学的使命，毕生为教育事业呕心沥血的女性，相对来说并不太多。这样的巴丽本身就具有很强的影响力，能够起到鼓舞和引领印度女性的模范作用。能力越大，责任越大。巴丽深知自己应该去承担相应的社会责任，在校园之外，她依然积极地为促进科学教育普及事业、为印度社会公益事业贡献自己的力量。

"强大的教育是每个国家的支柱。我觉得没有比从事教育事业、去传道授业解惑更能让我为社会、国家和人类服务的了。尽管也许这不能让我的人生大富大贵，或有令人万分敬仰的地位，但这是让我感到最有意义和最幸福的人生。"

巴丽说到了，她也做到了。

巴丽非常关心针对印度国内一些优秀青年学生的培养计划。她曾参与印度科技部在全国进行的INSPIRE[①]计划，激励十一年级的学生追求科学与真理。在2001年至2003年年间，她作为专家委员会的成员，服务于INTEL（Innovation in Education，创新教育）组织的在校学生的科学天才计划。她也曾在班加罗尔参与印度科学院推动的科学人才计划，负责指导挑选出的一些优秀学生进行科学研究。作为印度科学大会协会的召集人时，她也组织了许多此类的活动，包括与当地学校的儿童和教师进行互动，比如举办问答猜谜游戏活动等。另外，她也常举办一些面向学校和社会公众的科普讲座。

---

① INSPIRE计划，Innovation of Science Pursuit for Inspire Research，追求科学创新与启迪的研究。

巴丽也十分注重大学教师和科研人员的"再教育",她经常组织一些国际和国内的研讨会,亲自负责对印度大学教师和研究人员的培训项目。1978年至2011年年间,巴丽多次参与并组织了由德国的法兰克福大学、澳大利亚国立大学、美国西雅图的华盛顿大学、美国盖恩斯维尔的佛罗里达大学、美国得克萨斯州奥斯汀纳米科学诊断股份有限公司联合出资赞助的针对印度各地区的教师和研究人员的培训,培养他们的专业技术及其他技能。许多大学和机构的研究人员都参加了此次培训,例如马杜顿的MK大学、班加罗尔的农业科学大学、普纳大学、班加罗尔大学、班加罗尔的印度科学所、班加罗尔大学的附属学院以及卡纳塔克邦女子大学。同时她也为大学教师的进修课程提供了诸多资源和帮助,例如:1992至1993年SVU大学,1993年安得拉大学,1998年门格洛尔大学,2007年卡纳塔克邦大学。

除了为印度科技人才的培养出力之外,她还致力于从教育体系改革入手,改变印度高校的科研环境。她为班加罗尔大学、杜姆古尔大学的生物技术和微生物学专业的本科和研究生教学制定了课程和教学大纲,同样的还有印度韦斯科技大学和印度RV工程学院。2009年至2012年年间,巴丽是卡纳塔克邦知识委员会的成员,其工作是参加讨论并准备提案。她也曾经是研究咨询委员会的成员,指导当地大学进行学术研究工作。2009年至2010年期间,巴丽作为卡纳塔克邦大学的行动修正五人委员会中的一员,在前任班加罗尔大学校长谢蒂(N.R.Shetty)的领导下,起草并修正大学里现有的政策规章。2008年至2012年期间,巴丽是卡纳塔克邦政府高等教育议会里最为活跃的议员。她提出了很多关于促进女性教育工作、在高等教育中采用创新政策以及加强教育机构中的语言培训等方面的提案。

　　巴丽还常常作为代表参加国际上举办的有关普及科学教育,促进人类共同进步的交流活动。2011年11月,巴丽前往意大利进行访问,她是少数被和平科学基金会邀请参加在意大利米兰举行的第三届世界科学和平大会并发言的人之一。该基金会由翁贝托·韦罗内西博士建立,其成员包括致力于将科学用于促进世界和平事业的各国学者及诺贝尔奖获得者。在本次活动中,巴丽曾与巴基斯坦科学会的主席、巴基斯坦政府科学技术和教育部前部长阿塔·乌尔·拉赫曼教授,以及和平科学基金会执行主席艾伯特·马蒂内利教授领导下的一个团队进行了长达一个小时的讨论,计划开展与各国代表之间的广泛互动。不到20个的应邀发言人包括德国诺贝尔奖获得者楚尔·豪森博士、伊朗的希林·伊巴迪博士、美国科学和平协会副主席凯瑟琳·肯尼迪汤森女士、意大利联合国儿童基金会主席文森佐·斯帕达福拉先生,和其他知名专家与世界各国领导人。2011年11月,她收到了一些来自组织者和听众的感谢信,在意大利的新闻报纸上还有一个关于她讲话的特别报道。2011年11月巴丽应邀前往美国华盛顿,参加由美国科学促进协会(American Association for Advancement of Science)举办的圆桌会议。来自世界各地的40名代表,以全球利益为着眼点,在该圆桌会议上广泛交流关于科学和教育的国际合作战略。该会议有美国联邦政府的政策制定人员出席,被选中的意见会被提交到政府,巴丽提出的一些意见得到了采纳。

　　关于涉及教育的方面,巴丽有着自己的观点。比如印度的官方语言是英语,绝大多数的印度大学也是以英语作为它们的教学语言的,这会不会对印度民族文化多样性的保护造成负面影响?巴丽的回答是:"不会的。因为印度一直都是处在多语环境中,这恰恰形成了印度文化的多样性,多一门语言完全不会造成任何伤害。使用英语教学,反而有助于我们理解自己的文化多样性。"我非常赞赏巴丽这种对于外来语言和文化的开放态度,这也在保护民族文化多样性问题上为我们展示了新的视角和思路。

我问巴丽是否认可"印度接下来将会成为一个超级教育大国"这一说法。巴丽的回答很坚定:"在印度人民的生活和观念中,教育一直都有着突出的地位。印度肯定是有潜力成为超级教育大国的,印度青少年的自主性很强,教育领导机构享有自治权,国家对课程系统和教学专业,以及科学技术研究非常重视,这些都是印度教育的竞争力和优势所在。但这需要正确地制定、采用、实施适当的教育政策作为保障。"当然目前印度教育面临的形势是非常严峻的,"百分之七十的印度人居住在农村地区,那里没有令人满意的条件来发展小学和中学教育,因而使得国家基础教育状况的改善进展缓慢。要改善农村地区的教育状况,是需要时间的。推进农村教育,有效地实施好的政策,找到适当的解决办法来克服语言障碍等,逐步做出的这些努力将会对促进印度的教育有所帮助。"

出于好奇,我请她谈谈对中国的大学及教育体系的认识。巴丽说:"我了解得并不多,只是曾经与很多在美国和德国求学的中国人有过交流,我知道中国人也十分积极主动地去接受教育,而且这种强烈的意愿使他们克服了各种困难,他们十分勤奋努力,在学习科研中表现得非常优秀。"那么,对于中印之间该如何促进彼此的教育合作，巴丽的观点是这样的："目前双方合作不多，我猜是因为相互之间的不熟悉造成的。印度的年轻人们不太了解中国的教育机制和教育体系，反过来中国的年轻人对印度的了解也不多。然而，比较令人欣喜的是，在全球化进程下，越来越多的印度人去中国访问，其中又有很多是去从事科研的。我认为促进两国之间的旅游业开放，多多进行文化交流活动，建立两国教育机构之间的合作伙伴关系，包括教职员工和学生的交流，以及就彼此都有兴趣的课题和科研项目进行合作，都将有助于我们更好地了解彼此。中国和印度都是发展中国家，两个国家都以丰富的人力资源、年轻人积极勤奋而闻名。如果我们携手合作，赢得彼此的信任，实现美好的愿望，还可以改变国家在国际交流中的不利局面。"巴丽还提议，"实际上女性在这里可以起到很重要的作用。"她举例说印度的东北部和西北部地区能够有今天的和平与合作，与两地的女性抛开自身的种族局限有很大的关系，在国际合作中，女性的作用同样也是不可忽视的。

因为巴丽对教育做出的贡献，她获得了国家很多机构组织的表彰：2008年被卡纳塔克邦首席行政长官授予"卡纳塔克邦的伟大女儿"称号；2009年，获得阿里亚哈塔印度科学卫星（Aryabhata）国际奖；2010年，被钱伯斯学院授予优秀奖；2012年被班加罗尔卡纳塔克邦刹帝利（Kayastha）人民院社会福利信托基金授予终身成就奖；2012年，凭借在妇女职业教育方面的贡献，被班加罗尔扶轮社授予卓越奖。巴丽对能获得多少奖项却并不在意，她说"我总是专心致力于自己的工作，为了让我自己感到满意而努力，然而对我来说，达到让自己满意的程度其实不太容易。我并不是很关注一些奖励和荣誉：一是它们无法引起我的兴趣；二是我知道像我这样的人，获奖的机会并不多。而有些人，特别是男人还有被政府任命的人，会特别积极地争取奖项。我被任命为大学校长是单纯地基于我的成果和贡献的，而且我是到目前为止邦内唯一的一名接受邦首席行政长官面试并被选中的校长，这是我意外收获的最大的荣誉。"

奖项不是巴丽看重的，但成功却是巴丽愿意去积极争取的。我请巴丽总结性地谈一下自己是如何在职业生涯中走向成功的。她说："去挑战，让自己保持热情去做更多。从服务了42年的岗位上退休，我很高兴自己从工作的第一天到退休的时刻，一直能够专注于自己的工作，无论处于职业生涯的顶峰还是谷底，始终保持同样的热情，并且在任何情况下都始终行走在正义之路上。"

回首一步步走到今天的过往，巴丽真诚地告诉我，也告诉和我们一样的女性，"女性想要获得成功所面临的最大的挑战是，要变得优秀和出类拔萃的动力必须是发自内心的。由于各种原因，身边的人们对于女性的优秀和成功，可能不会很赞赏，甚至是抱着反对态度的。当然也会有例外的情况，通常你的母亲或父亲，会支持你努力有良好的表现，而鼓励我的，正是我的母亲。"这个从传统家庭走出来的女孩，在母亲的支持下得以成长为今日这个实现了个人价值，也为实现别人

印度现代职业女性

的梦想而继续奋斗的女人。但这并不是终点,未来的她还会在这条道路上走下去,从古老的印度走向广阔的世界,从辉煌的今日迈向光明的明天!"现在我期待能有机会,继续为教育事业以及国际间的教育合作而服务。尤其在今天,知识已经意味着力量、财富和至高无上的权力。不仅如此,知识应该成为全人类的利益,促进人类的进步和团结,促使这颗星球成为一个可爱的地方,供我们以及子孙后代居住。"

临危受命：魄力十足的女校长

> 紧紧把握住梦吧，如果梦境消逝，生活就会像断翅的小鸟，再也不能飞翔。
>
> ——【美】休斯

2008年，巴丽被卡纳塔克邦政府任命为卡纳塔克邦女子大学校长，逐步走向她教育事业的巅峰，这也无疑是她职业生涯中最浓墨重彩的一笔。

卡纳塔克邦女子大学（KSWU, Karnataks State Women's University），坐落于卡纳塔克邦的比贾布尔[①]市。卡纳塔克邦位于印度西南部，西临阿拉伯海，山清水秀，风景如画，江河湖泊、瀑布流泉、幽谷密林、名城古刹应有尽有。邦内自然资源丰富，金矿的储量在印度首屈一指。邦内人口超过5,000万，是印度十大人口最多的邦之一。邦内坐落着许多拥有高科技产业的新兴城市，比如有"印度硅谷"之称的卡纳塔克邦首府班加罗尔。比贾布尔市位于该邦的西北部。

---

① 比贾布尔（卡纳达语：Bijapur，古名Vijapura，意为"胜利之都"）位于印度卡纳塔克邦的北部，离班加罗尔约520公里。

卡纳塔克邦女子大学是邦内唯一的,也是全国少数的几所致力于女性教育的大学之一,成立于2003年。巴丽从2008年1月29日起担任卡纳塔克邦女子大学的第二任校长。卡纳塔克邦女子大学成立之初经历了一段比较动荡艰辛的时期,学校的权力被行政机关高

卡纳塔克邦风貌(一)

卡纳塔克邦风貌(二)

度掌控,而教师的影响力却微不足道;学校当时没有制定严格合理的程序规章,在采购活动、交易事务、财务管理和考官任命等事务上管理混乱;学校的财务状况很糟糕,进行教学活动的基础设施极其简陋。这导致学校教职员工士气低落,社会公众对学校的评价很低。巴丽上任之初,面临的就是这样形势严峻、充满挑战的情形。

为了扭转这种不利局面,巴丽一上任就尽其所能,从以下五个方面入手改善卡纳塔克邦女子大学:(1)推进发展学校基础设施建设,保证校园内有基本的配套设施。(2)强化学校教学体系,推动开展科研活动。(3)精简整顿行政管理机构,建立并实施合理透明的规章和程序,来管理学校的采购、招生与考试等各方面事务;创造机会让教职员工能够更大程度地发挥自身潜能,并且尽可能地创造机会来提升他们的综合技能。(4)在国际交流中,将卡纳塔克邦女子大学的形象推向世界。(5)为维护女性学生的权益,巴丽实施了许多独特且有创新性的项目计划,旨在让她们受到更好的教育,培训她们掌握各项技能,培养她们具有学习和创业的动力,同样也关注她们的人格发展,在校园内培养纪律意识和贯彻规章制度。巴丽希望通过这些努力,来赢得社会公众良好的评价和声誉。

校园基础设施建设

都说"巧妇难为无米之炊",一所好的大学必然是建立在其完善的硬件设施之上的,没有好的教学条件作为保障,再好的老师,再好的学生都无法调动学习的热情,因此巴丽上任后的头等大事就是一定要将卡纳塔克邦女子大学原来的破败景象改头换面,以崭新的大学形象出现在人们眼前。

之前学校里能够进行教学活动的基础设施很少又十分简陋，仅仅局限在位于新校区的三栋小楼，以及向KSTDC[①]和PWD（Pulic Works Department，公共事务部）租借的会客厅。新校区没有电话通信系统，只有很少的一些无线电设备。教学部门和行政办公室只有几台配置很差的电脑并且没有网络设备。学生们只能住在三栋租来的宿舍楼里。

为了改善这些窘迫的境况，巴丽一上任就主持修建了一系列建筑，包括修建教学楼、主行政楼办公室、会议中心、图书馆、宿舍、食堂餐厅、综合性体育场馆，还修整了校园道路、校门、广场和围墙，规划了校园的建筑物分布和绿化带等休闲空间。同时，完善校内的各种设施，包括电力供应、饮用水设备、供水系统、卫生设施（包括安装卫生巾自动贩售机和处置机器）、电话与网络宽带、无线网络等。

随着学校的发展，各种学术活动逐渐增多，原有的校园空间也逐渐不能满足需求。卡纳塔克邦女子大学将校园空间进一步扩大，在原来主校区的基础上新建了校区，并于2008年更名为Jnana Shakti。管理部门中除了考试部以外，都在2009年转移到了Jnana Shakti校区。目前学校拥有四个校区：市区校区、Jnana Shakti校区、Ramnagar校区和Jalnagar校区，每个校区包括不同的学院和行政单位，都有各自的图书馆和必要的设备，向学生和老师提供学习资源。

---

① KSTDC（Karnataka State Tourism Development Corporation），是由卡纳塔克邦政府构建的一个实体，用于促进当地的旅游业。

经过几年的建设，卡纳塔克邦女子大学已经初具规模，有些项目已经建成并投入使用：例如Jnana Shakti校园的食堂，包括计算机科学院、软件技术园、食品加工学院、生物技术学院在内的现代科技园。科技园里面的建筑和设施配置都经过详细谨慎的规划，有专门用来存放服务器、配电盘的房间，房间里配有空调以及最好的自然通风设备，同时还有25千瓦的发电机供应的UPS电源。

也有一些在未来的一年内即将完工的项目：例如包括社会工作学院、社会学院、经济学院以及女性研究学院在内的社会科学园；由UGC出资修建的一些基础设施，其中包括瑜伽和冥想中心、体操室、体育馆、健身中心、娱乐中心、儿童日常护理中心以及健康中心的女性服务设施；由卡纳塔克邦政府资助的Dr.B.R.安贝德卡中心；还有由UGC出资建设的教育学院、英语学院、会议中心、校园会客室、图书馆、体育教育中心、现代体育跑道；由卡纳塔克邦政府出资建设的校长室。

在学生宿舍的建设方面，卡纳塔克邦女子大学取得了切实的进展。2010年，学校在原来租用的三栋宿舍楼的基础上新租了四栋宿舍楼，并且每栋宿舍楼都有健全的安保系统和食物供应设备。除此之外，学校也在建设自己的宿舍楼，已经建成的有由UGC出资在Jnana Shakti校区修建的、能够容纳150名学生的新宿舍楼。这里有宽敞的餐厅、娱乐中心、礼拜堂、浴室，还有一个健康中心，健康中心拥有合格的医生及护理人员，学生们都很喜欢这座现代化的宿舍楼。另外，还有一个由Babu Jagjivanram基金会资助的、能够容纳150人的新宿舍楼在2012年12月底建成并已投入使用。在靠近这两栋宿舍楼的旁边，学校正打算兴建第三栋宿舍楼。它由

OBC（Oriental Bank of Commerce，东方商业银行）和少数民族福利部门资助，能够容纳100名学生。目前，学校里还有两栋宿舍楼是租用的。从2013年起，所有的学生都住进了学校自己的宿舍楼。

也许是由于学生物技术专业出身，巴丽在校园设施的安置上还提出了"绿色校园"的理念：采用节水设施、太阳能照明、沼气供能、植树造林、循环再生利用体系、有机肥生产、在宿舍安装太阳能炊具以及许多其他使用替代性能源的节能系统和设施。

一些配备有先进设施的实验室也陆续建立起来：在科技部"居里夫人计划"的CURIE①项目资助下修建的一系列生物技术研究的实验室及生物信息研究机构，在卡纳塔克邦政府生物燃料部门的帮助下建立的一个生物柴油科技中心，在印度政府食物加工部门的帮助下建立的一个设施良好的用于食物加工的教育和研究的中心实验室。

另外，学校还建立起一个拥有先进设施的计算机培训中心和一个软件科技园：众多的计算机设备安置于一个能够容纳一百多个系统，并且能够提供独立无干扰的动力和相关网络设备的专用建筑里。这是在惠普公司设立的LIFE（Learning Initiative for Entrepreneurship，学习创业的主动性）奖项的资助下推动建成的，该项目的建设也获得了来自UGC的约1.5亿卢比的资金支持。

一些服务学生的教学培训设施也逐步建立并完善：超现代的核心语言实验室，这个实验室包含了教授英语的必备软件，由大学的SC/ST负责部门建立；英语学院的语言实验室配备了专业软件，致力于培训英语专业学生；核心生物信息设施，这些设施依靠DBT提供

---

① CURIE，康奈尔大学设立的为期一周的专门针对女性的夏令营学习项目。

的资金购买，配有专业的技术员，致力于培训卡纳塔克邦女子大学以及来自卡纳塔克邦北部地区其他机构的学生；拥有各种体育设施的现代健身中心，这个健身中心既用于训练体育教育专业的学生，也对其他专业的学生和当地女性开放；重新修缮的教育技术实验室配备了新的电脑，为学生、研究者、职员们提供了方便。

2008年至2012年年间，多个接受UGC资助的主要研究项目在这些建成的实验室中展开，目前还有一批项目正在进行：经生物柴油董事会批准的生物柴油技术研究项目，属于经科技部批准的CURIE项目下的生物技术训练和研究中心，生物技术部批准的BIF（Bioinformatics Facility，生物信息学设施）项目下的生物信息研究，GFATM（国际抗艾滋、肺结核及疟疾病基金会）下的艾滋病预防项目。

卡纳塔克邦女子大学logo

除了实验室，2008年至2012年年间，在不同基金机构的资助下，还有一些旨在促进研究合作与项目扩展的研究中心陆续建立起来：甘地研究中心，UGC资助的女性研究中心，Dr.B.R.安贝德卡中心和IQAC（Internal Quality Assurance Cell，国家质量安全中心），受卡纳塔克邦政府资助的Smt.Yashodaramma Dasappa Chair。在这些研究中心中，有很多已经开展了项目研究，并且组织了会议和开设了课程等。

教学体系改革

在革新卡纳塔克邦女子大学的教学体系方面,巴丽首先新设立了以下14个学位和专业:生物技术理学硕士、食品加工和营养理学硕士、商学硕士、印地语文学硕士、乌尔都语(巴基斯坦)文学硕士、时尚管理硕士、时尚管理学士、计算机应用硕士、时尚设计与时装店管理硕士、女性犯罪学与法医学硕士、时尚设计与时装店管理学士、服装生产与销售高级文凭(大专学历水平)、Certificate①级别的图书馆科学专业(UGC大学拨款委员会出资筹办,属于COP②项目)、Certificate级别的瑜伽与冥想疗法专业。

巴丽在学校倡导推行双学位机制,即除了本专业外,学生可以报名再攻读一门专业,例如计算机应用硕士、翻译学硕士、妇女与赋权学硕士,以及修读高级英语、办公自动化、可视化编程、图书馆科学、Panchayat Raj③组织机构等专业。根据完成学业的水平,学生可以获得Certificate结业证书或者硕士学位。

学校在教学计划中新添加了特别的课程体系:即在各专业的教学大纲中,每学期都包含一门额外的课程,该课程经过学分转换,归入学校所有专业学生的学分内。学生在修完本专业的课程大纲外,还需从以下这些课程中选修一门:性别与法律、女性与健康、交

---

① 学生修读该专业只能获得结业证书,不能算作学历或学位。
② COP, Career Oriented Programme,职业规划项目,是UGC发起的一个项目。
③ Panchayat Raj,潘查亚特制度,是印度乡村传统的治理组织形式,又称"五老会"。其字面意思是指由五个经选举产生的地方自治会成员来负责进行村庄的治理。

际英语、计算机应用与信息科学、传媒研究、非政府组织管理、人力资源管理、商业埃纳德语（印度）、瑜伽研究、潘查亚特制度。

另外，卡纳塔克邦女子大学还是国内第一所教授文学硕士等级的"女性与畜牧业发展"课程的大学。该教学大纲是2009年与英国的高等教育发展机构DPHE（Development Partnerships in Higher Education，发展高等教育机构的合作伙伴关系）合作制定的。

在博士培养项目方面，卡纳塔克邦女子大学完全采纳UGC的准则。对于报考和攻读博士的学生，学校在课程、科研和考试方面制定了规范的标准和严格的制度。为鼓励那些没有条件投入三到四年来攻读博士学位的女性学生继续参与科学研究，拓展她们的学习之路，卡纳塔克邦女子大学还着力开展了M.Phil计划（攻读博士的第一年和最初阶段）。

为了更加全面地提高学生各方面的综合素质，学校规定所有学生在毕业前的最后一学期，都必须参与科研项目工作。同时也要求所有学生在毕业前，都必须接受人格发展和软技能[1]方面的教育培训。

巴丽在校长任期内，新成立了四所经认证能够提供研究生课程学习的附属学院。同时她也为不在比贾布尔当地的卡纳塔克邦女子大学的学生，提供了6门研究生课程，帮助她们顺利攻读硕士学位。

伴随着科学技术的飞速发展，具有远见卓识的巴丽开始推进

---

[1] 软技能，soft skill，它包括交流和沟通能力、协同作战能力、理解力、危机处理能力和自信程度等非专业素养。

学校教学方式的创新。首先,考虑到女性面临的各种困难,不便随时参与到日常课程的情况,学校成立了专门的远程教育部(DDE, Directorate of Distance Education)。远程教育部负责向那些不便参与日常教学以及迫于各种原因无力继续完成常规教育的学生提供多种课程教学,从而保障她们受教育的权利。该远程教育体系是经过NCERT(National Council of Educational Research and Training,国家教育研究培训委员会)和DEC(Distance Education Council,远程教育委员会)两个组织承认的。针对本科生的远程教育系统,已经在卡纳塔克邦北部的13个地区顺利实施应用。该远程教育系统,能够为学生提供视听双渠道互动。在2009年至2010年年间,800名来自附属学院的学生参与了该远程教育系统。在2010年至2011年和2011年至2012两学年年内,该系统每年都吸引了12,000名学生参加远程教育。远程教育系统里教授的课程主题涉及印度宪法、人格发展、人权问题、环境科学、交际英语、就业指导等。

另外一项与时俱进的举措是"手机学习计划"。这一针对研究生的手机学习计划在2009年开始推行,是与印度IPOMO传媒公司合作,旨在实现运用手机进行远程学习。这是一项非常吸引学生的成功项目,该项目主要涉及教授MBA学生的管理课程,为参加NET考试的学生进行培训等。

同时,卡纳塔克邦女子大学与IGNOU(The India Gandhi National Open University,印度英迪拉甘地国家开放大学)结成合作伙伴,IGNOU认证卡纳塔克邦女子大学为其学习基地之一。

巴丽还为渴望知识的学生与教职员工创造了许多其他的学习

机会：比如与DRISHTI①文化协会合作，开设"GANA LAHARI"音乐班，该音乐班既面向学生又面向当地的儿童开放，音乐班晚上的课堂活动在女生宿舍进行；定期对学生开展与人格培养相关的培训项目；为所有的学生、教学与非教学职员提供使用电脑的机会，一般是免费的或只收取极少的费用，以此来推动计算机应用技能的普及，尽可能地提升其熟练使用电脑的能力；由DSW（Directorate of Student Welfare，学生福利部）和SC/ST②负责部门组织的主要针对SC/ST学生开设的英语补习班；通常由DSW负责组织的针对NET考试和其他竞赛考试的培训项目；由SC/ST负责部门提供的为提升科研人员的科学研究方法而开展的培训项目。

卡纳塔克邦女子大学还着手建立了校园信息自动化办公系统，其中涉及考试系统、图书馆借阅系统、NKN系统③建设和借鉴生物计量学的考勤系统。校园信息自动化办公系统会通过短信和网站发布上述各项信息和数据结果，同时促进在线处理各项学校事务的系统应用，包括招生、会议、考试和网上招投标等。例如，学校在2008年至2009年年度的硕士学位招生考试中，首次开设了招生的咨询服务系统。这一举措提升了招生录取工作的速度、效率。另外该系统还采取了当场分配座位等方式来提高招生录取程序的透明度。

---

① DRISHTI，集中精神凝视，是瑜伽中一种用来提高专注力的手段。
② SC/ST, Scheduled Caste / Scheduled Tribe，此处指落后地区或部落地区的学生，类似我国少数民族学生的概念。
③ NKN系统, National Knowledge Network System，国家知识网络系统，它是一个全印度的拥有领先技术的数千兆位网络，旨在为国内所有相关机构提供一个统一的高水平网络骨架。

印度女大学生们

教师行政管理

一所好大学,仅拥有好的基础设施和好的教学规划是不够的,如何将这些硬件很好地运转起来,需要领导者制定一套好的行政管理体系,充分调动学校员工的积极性。巴丽相信女子大学是有其独特性的。巴丽认为,无论是学生还是教职工,一方面女性通常没有足够的参与性和主动性,更习惯将自己限制于自己设定的工作框架内，为自己划定了一个狭小的"舒适区"。因而巴丽首要的任务就是去挖掘她们的潜力，带领她们从自己设定的、回避责任的"舒适区"中走出来，帮助她们努力地展示自我。另一方面的问题是，女性通常更倾向于独立完成工作，缺少团队合作精神。巴丽认为必须尽快创造女性之间的团队合作氛围，这对于教职员工自身和学校的整体工作都将有巨大的正面影响。巴丽还发现了一个值得注意的问题：在一个女性机构里必然会存在男性员工，他们往往凭借自身的优势，更容易获得机会，这也被称作"Corner Opportunity"。因而在学校的行政管理工作中，有必要保证每位员工的权利，确保不善于表达自身需求的女性群体不被忽略。

基于对女子大学行政管理工作特殊性的认识和对上述几个问题的思考，巴丽逐渐形成了一套自己的经营管理理念。在管理卡纳塔克邦女子大学的过程中，巴丽积累了许多的相关经验。比如，相对于男教师，学校里女教师的数量很少，但是巴丽特别规定，每位女性员工除了常规的教学和科研工作外，还需负责学校的一些项目或者其他事务。学校给予的这些机会，使很多原本并不突出、甚至被认为是毫无领袖能力的女性脱颖而出。巴丽观察到，当被赋予责任时，她们都会十分努力地去争取有良好的表现。而学校里的男性员工也因此有了危机意识，开始更加努力地工作，并经常和女性职员一同合作。

卡纳塔克邦女子大学是邦内唯一的，也是全国少数的三四所会聘任女性担任高级行政职务的大学之一。校长是由政府任命的，通常印度的女子大学的校长倾向于任命女性；该校的教务主任是邦内担任此职位的唯一的女性，这是邦内首位女性教务主任，是政府在巴丽的推荐下任命的；财务主管一职也是邦内首次且唯一由女性担任的，该职务由大学主管团体任命。女性管理者的表现一直十分出色，并且对于学校里的其他女性员工具有良好的示范作用。

为了实现科学民主的管理，巴丽在学校成立了行政分权建设委员会，该委员会由教职员工、非教职员工和企业合作伙伴组成，必要时也会请外界专家。该委员会可以在完善校园发展、宿舍管理、采购管理和政府特殊资助的使用等问题上，提出自己的意见，行使一定的行政权力。另外，学校在卡纳塔克邦政府网络管理部的帮助下，对教职与非教职员工进行了电子招标方面的培训，对于所有交易额大于10万卢比的交易，实行电子招标程序。

学校也组建了教科书建议委员会，该委员会负责制定本科与研究生的语言课程教科书的标准，讨论这一标准是否升级或维持原有标准。为了有效地精简学校的行政体系，各个分支部门的职员，大多都安排到原来的上级部门，这样可以减轻财政负担，促进单位文化和谐有序，督促其更好地为老师和学生们提供服务和支持。

在教职工的评绩方面，学校引进了计量生物学技术的考勤系统，供四个校区的全体员工使用，该系统也在JS校区的女生宿舍使用，职员的工资单与考勤记录挂钩。在对教师的行政考评、升职调动方面，年度考勤记录也会被纳入考量。每学期学生也会进行评教，同时聘请外界专家来分析整合出一份评教报告。

2008年卡纳塔克邦女子大学的官方网站（www.kswu.ac.in）正式建成，学校组织专门的人员管理，以保证网站及时更新。该官网得到了广泛的应用：招生录取信息的发布，毕业典礼的组织进展,招标通告,各种项目职位的招聘,青年节活动以及考试成绩查询等信息均会在网站上及时发布。这进一步促进了学校与学生、附属学院以及社会公众的交流,形成了更加公开透明的学校氛围。

有了合理的管理制度,学校员工们的积极性受到了很大地鼓舞,各项工作也顺利开展起来。

国际合作和交流

巴丽一向很重视促进学校广泛参与国际合作,她认为要把卡纳塔克邦女子大学建成一流的女子大学就必须有一个国际化的平台,因此巴丽总是竭力为教职员工出国访问、拓展视野创造条件。得益于她之前在班加罗尔大学负责相关工作时所积累的丰富经验,在巴丽的校长任期内,她建立了卡纳塔克邦女子大学同美国及德国的一些著名机构的紧密联系,促成了MoU(Memorandum of Understanding,谅解备忘录)的签署,并与美国得克萨斯州立大学、北得克萨斯大学、德国的图宾根大学、德国斯图加特的赫尔曼·贡德特组织(Herman Gundert Society)、美国密歇根的湾区大学(Bay College)建立了合作交流的伙伴关系。2011年11月,4名来自德国图宾根大学传媒研究部的研究人员组成的代表团来访。2010年至2011年,先后有12名来自的赫尔曼·贡德特组织专家学者组成代表团来访。这些科教机构的人员来卡纳塔克邦女子大学访问的同时,卡纳塔克邦女子大学的人员也会进行回访,双方形成了密切的互动与合作关系。2009年5月,巴丽带领卡纳塔克邦女子大学的相关工作人员应邀访问得克萨斯州女子大学、北得克萨斯大学、得克萨斯州立大学、奥斯汀纳米科学诊断有限公司以及密歇根州的海湾学院等机构并发表演讲,同时巴丽与学校教师、机构负责人和研究人员展开交流和互动。2011年4月至5月,巴丽应邀前往美国加州的克赖顿大学医学院发表演讲,并与该校教师和科研人员进行交流和互动。2010年11月,巴丽受美国纽约国际教育所的邀请前往参加交流会议,并发表了主题演说。出席会议的有来自美国各教育机构的主席或代表,以及参与国际合作项目的印度方面的教育家、卡纳塔克邦政府官员。在之后与国际教育所以及美国的其他机构开展的国际学术合作游学计划中,巴丽还被选为印度方面的

美国得克萨斯州立大学

负责人，与美国各教育机构的校长代表团进行交流，以加强各机构间的合作伙伴关系，增进印美间的交流。2011年5月至6月，巴丽教授与4名教职工组成的代表团受邀参加斯图加特的赫尔曼·莫格林（Hermann Moegling）博士200周年诞辰的纪念会。代表团受邀参加了由德国埃斯林根市市长、图宾根市市长以及德国乌登堡的牧师主持的欢迎会，之后还去了图宾根大学，与校长、教师和研究人员交流。卡纳塔克邦女子大学通过这些国际交流不仅引进了新的项目、人才、资金和理念，更提升了学校的知名度和影响力，赢得了良好的国际声誉。

德国图宾根大学

为女性教育而实施的措施

卡纳塔克邦女子大学是一所女子大学,是印度女性接受高等教育的缩影。相较于早先印度女性的社会地位和受教育的程度,现在的印度人在女性接受高等教育方面的观念上有了很大的改变——几乎所有的印度人都认可教育对于女性的重要性,有很多低收入阶层的家庭也会尽可能地创造条件,甚至通过变卖家产来让他们的女儿接受教育,类似的情况越来越常见。因为事实证明教育的确能一定程度上改变女性的命运和她以后的人生道路。巴丽以一个她熟悉的学生家庭来举例,这家的主人是一个三轮出租车司机,他在五年级时就辍学了,而他的妻子只念到三年级。他挣得的微薄收入,勉强能让他的儿子和女儿都学习特许会计师课程。这门考试的难度很大,大多数人都要百般努力、多次尝试才能通过考试,而他的两个孩子都通过了资格考试,他的女儿更是考了全国前几名,由此为自己赢得了很好的就业前景,改变了自己的命运。巴丽作为一个出身传统家庭,冲破阻碍、赢得学习机会的例子,当然非常清楚教育的意义。投身女性教育事业是早早便埋在巴丽心中的一颗种子,而今天,这颗种子有了充分的阳光和肥沃的土壤,终于得以破土而出,因此作为一所女子大学校长的巴丽,可以说是时刻为保障印度女性的受教育权利而竭尽全力。她在自己的学校实施了一系列创新性的教学项目,并且尝试采用前所未有的政策来提高女性的教育水平。这也成了卡纳塔克邦女子大学与印度其他的一些传统大学相比最显著的特点和最卓越的成就,巴丽为保障女性权益做出了切实的贡献。

学校实行了许多创新性的政策来促进女性获得更好的高等教育,而她们中某些人的受教育需求,在其他的大学里可能就较难实现。比如在印度,来自低收入阶层或农村地区的家长,一般都不太情愿为女孩的教育投入太多的资金。所以卡纳塔克邦女子大学一直坚持实行最低的学费标准:学生在入学、考试、其他附加学费等方面,都只收取最低限度的学费。同时,学校对那些家境贫困但成绩优异的学生,扩大经济资助,设立奖学金,帮助贫困学生以及那些失去了双亲的学生。卡纳塔克邦女子大学是邦内唯一实施如此多的奖/助学金政策的大学。

巴丽在校内建立起了双学位体系。这是考虑到处于研究生学习阶段的女生往往有结婚成家的压力,提供获得双学位的机会可以让她们在空余时间完成学业,同时修读其他专业也可以帮助她们在找工作时具备更好的竞争力。在学生攻读两年硕士学位的同时,学校允许她们报名修读一门其他专业,完成一年的学习可以获得学位,完成半年的学习可以获得结业证书。学校提供的相关课程涉及计算机应用、图书馆科学等专业,有些双学位的课程是在晚上进行教授的。

学校推行了人性化的补考机制,给予那些在毕业当年没能成功完成学士或硕士课程的学生在半年内有重新考试的机会。一般来说,同样的情况在其他大学就要等上一年。要知道,对于很多女性来说,在这种关键时期没能顺利获得学位就意味着辍学。而很多女生之所以在结业考试中失败,是有很多她们自己不可掌控的原因的，比如生病、婚期与考试时间冲突、预产期在考试期间等。

卡纳塔克邦女子大学特别规定，对待所有女性考生都一视同仁，在研究生招生时并不考虑其原先毕业的学校。这对于促使其他学校采取类似措施也是有示范意义的。班加罗尔大学、KUD大学和GUG大学，也都采纳了这个政策，愿意招收卡纳塔克邦女子大学的女生。

"重回校园计划"，是卡纳塔克邦女子大学特有的政策，是一项设身处地为女性学生考虑的新政策。对于那些中途休学的学生，大多数学校的规定是她们必须在五年之内复学，来完成剩余课程学习。如果她们超过这个期限而没能复学，那么无论她们曾经进展到什么阶段，都必须重新从最初的内容开始学习。而由卡纳塔克邦女子大学实行的"重回校园计划"，就允许学生无论在什么时候复学，都只需从原先中断的阶段继续学习，完成剩余课程任务即可。印度广大农村地区的女性，大多在十九岁左右结婚，第二年有了第一个孩子，然后在未来的三到五年内会有第二个甚至第三个孩子。在这个阶段的女性可能会面临很多困难和挑战：经济困境、失去丈夫、离婚、家庭成员或自身有身体疾病，等等。她们希望能够毕业，这样可以找到一份较好的工作，同时也有一些女性希望等到孩子长大一些再继续学业。重回校园计划，鼓励了那些已经十余年没能继续学习的女性，帮助她们能够顺利地完成学业。

巴丽除了制定出许多先进合理、极富人性化的政策，成功地保障了许多女生的受教育权利。在教学方面，她也做出了很多的改进来保证学生所受教育的质量。比如，人格发展和社交技巧的培养科目成为课程编排的必修内容；在课程大纲的修订上，绝大多数课程教学中都涉及与女性紧密相关的课题，例如经济学课程里著名的微观金融内容，在社会工作中对女性的管理，向语言专业学生开设的女性文学家及其作品研究课程等；鼓励各教学单位积极参加地区、国家以及国际间研究女性相关问题的科研项目；对那些外向性的、与社会合作的项目和活动，学校给予最大的优先权，保证学生有机会接触社会、参与工作。

为了鼓励女生参与学习和实践活动，巴丽特别设置了各种奖励机制，包括为在各科目中达到PG（Post-Graduate，研究生）水平的学生颁发金牌；奖励NSS（国家服务计划）方面的活动；设立杰出女性社会工作者奖；设立杰出女记者奖；鼓励在课堂和课外活动中开展丰富多样的竞赛，并尽力联系社会上的相关公司出资，举办有现金奖励的各类主题比赛。

为了给学生们的学习和生活营造一个更为舒适的环境，巴丽还在校园里推动建设了护理中心、健身中心、咨询中心、辅导中心、英语语音实验室、音乐班、考试培训和网络技术培训等服务机构，为学生们的身心健康发展，提供了更为全面的保障和服务。学校还专门成立了日间托儿所，帮助有孩子的学生和职员照顾她们的子女，使她们可以更加专心地投入工作和学习。另外，巴丽还借助UGC的资助，建立起卡纳塔克邦女子大学女性研究中心，该中心为女性组织了一系列的技能培养项目、讲习班以及研讨会。

巴丽推行的保障女性权利行动，并非仅仅止步于校园内部，学校经常组织学生与教职员工投身周边社区开展相关活动，为附近地区农村女性的权益而服务。最典型的活动就是巴丽以卡纳塔克邦女子大学的名义，开展了固定帮扶阿塔来堤（Atalatti）村庄的长期活动，面向村中的女性提供多方面的教育和指导，并且组织了很多技能培训以及能力提升项目。在多年的坚持和努力下，卡纳塔克邦女子大学与阿塔来堤村庄以及比贾布尔其他地区的农村女性建立起了紧密友好的关系，为保障本地区女性的权益做出了切实的贡献。

Ananya食品加工实验室担负着培训食品加工技能并培养企业家精神的任务，受益的群体有学校里的学生以及农村女性，这些农村女性来自于贫穷地区以及被学校固定帮扶的阿塔来堤村庄。

在卡纳塔克邦女子大学对学生进行劳动技能培训和创业精神培养的多种项目中，巴丽最引以为傲的就是她主导创建的Koushalya女子科技园。这座女子科技园包括了软件技术园与计算机培训中心、Ananya食品加工实验室、生物柴油技术中心、蠕虫堆肥技术中心、纸张回收利用中心、组织培养中心和Jnana Vahini媒体中心。该科技园面向本校学生及周边地区的农村女性开展相关技能培训，扮演了信息传播和认知构建中心、技能训练中心、研究中心等角色。巴丽成立这种较大规模又颇具专业性的女子科技园的做法，在印度的大学中还是首创。

Ananya食品加工实验室

纸张回收利用中心使用从校园输出的废纸，经过循环利用来生产文件夹、纸质档案、名片、信纸和手提袋等。这些产品既可以供学校办公室日常使用也可以给学生使用，2012年学校的贺年卡就是在女子科技园用废纸制造的。

纸张回收利用中心

生物柴油技术中心每天能够生产100多吨的柴油，大学的汽车以及发电机利用这些柴油进行试运行。在对柴油技术进行不同方面的实验的同时，技术中心也致力于促进生物油的利用，并且为女子科技园吸引来了资金支持，也为当地女性提供了工作岗位。

生物柴油技术中心

蠕虫堆肥技术中心在2011年至2012年年间生产了超过一吨的蠕虫堆肥。该中心将生物柴油中心产生的油饼当作原材料使用,也会利用食堂的厨余垃圾以及花园的垃圾,产出的蠕虫堆肥经过检测证明其质量是很好的,现在蠕虫堆肥技术中心的设施规模已经扩大了三倍。

Jnana Vahini媒体中心负责制作关于构建社会文化及环境认知方面的纪录片。该中心制作的关于大学的纪录片*JNANA DEGULA*,已经被Doordarshan电视台在全邦范围内播放。这个工作室同时也具有支持大学远程教育项目以及虚拟教学计划的功能。

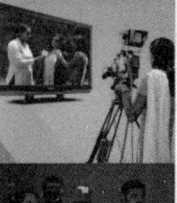

Jnana Vahini媒体中心

组织培养中心

科技园中还有组织培养中心，它是最后一个被女子科技园合并的机构，目前正在进行当地重要农业经济作物的大型繁殖培育工作；计算机培训中心，它在2011年至2012年年间为大约75名女性开展了计算机使用技能培训工作；科技园的时尚设计中心也正在积极筹备中。

女子科技园曾经不得不在农村地区电力供应受限的情况下进行日常的生产活动，而现在随着250千伏安（KVA）变压器的试运行，女子科技园完全有能力按一定比例增加各项生产，进而塑造一个新的品牌以及生产各种资源产品。女子科技园目前凭借着自身的生产成果和资金运作，完全保证了自给自足。在2011年至2012年年间，女子科技园试运行的生产活动还为学校创造了近20,000卢比的资金收益。

在2010年至2012年年间，已经有包括农村及贫困地区女性在内的275名女性接受了食品加工方面的训练。截至2012年，其中的45人在接受了女子科技园的专业训练及支持后，开始了自己的事业。这座女子科技园实际上已经成为当地女性的商业孵化器。

巴丽任卡纳塔克邦女子大学校长期间展示出卓越的管理才能，也因此获得了印度教育界的充分认可，并吸引了来自世界各地的关注。在她的领导下，卡纳塔克邦女子大学在包括创新性教学计划、学术科研、基础设施建设、学校形象推广、推动女性赋权运动等各方面都取得了卓越的进步，校园面貌焕然一新。在巴丽的校长任期内，大约有40条新的学校规章被拟好并且提交，其中的28条在2008年至2012年年间已经通过政府议员的同意，学校获批成为

AIU①的会员。卡纳塔克邦女子大学的财政情况有了显著的改善：学校的财政收益（Income Expenditure）从2007年至2008年11.13亿卢比，2008年至2009年的17.75亿卢比，2009年至2010年的28.73亿卢比，2010年至2011年的40.91亿卢比一直增长到2011年至2012年的超过50亿卢比。

学校的财政收入除了政府每年35亿卢比的财政拨款之外，还在四年内通过国际合作引进了70亿卢比的资金。为了维护和提升师生们的权益，这些来之不易的资金得到了审慎的管理和使用。值得一提的是，为了维护女性学生受教育的权利，卡纳塔克邦女子大学多年来一直保持着邦内最低的学费水平。

随着学校的良好形象不断深入人心，卡纳塔克邦女子大学也吸引了更多的生源。尽管在附近地区又新开设了几所大学，卡纳塔克邦女子大学的学生数量仍然不断增多：学校培养的本科生数量从2007至2008学年度的14,465人，增长到2011至2012学年度的20,307人；研究生数量也逐年增加，从2007至2008学年度的356人发展到2011至2012学年度的1,023人；2011至2012学年度，学校共有130名在读博士，并且有21人已经获得M.Phil.②资格，这意味着越来越多的女性学生追求更高水平的教育。除此之外，卡纳塔克邦女子大学附属学院的数量也在增多：2007至2008学年度有64所，2009至2010学年度有67所，2010至2011学年度有73所，2011至2012学年度有86所，还有12,000多名学生通过学校的远程教育系统来学

---

① AIU, American Intercontinental University, 美国洲际大学，是一个被广泛认可的网络大学，享有极高的声誉和丰富的教育历史。
② M.Phil., 攻读博士的第一年，副博士，参见http://baike.baidu.com/view/1493951。

习。总之，卡纳塔克邦女子大学目前能够满足22,633名学生的学习需要，学校针对学生的特点为其提供相应的课程教学，而在2007至2008学年度，这一数据是14,850。

通过GFATM（国际抗艾滋、肺结核及疟疾病基金会）的SAKSHAM项目提供的国际资金支持，卡纳塔克邦女子大学成为全国公认的40个艾滋病防治工作出色的中心之一。

卡纳塔克邦女子大学的Koushaly女子科技园，是全印度5个、全世界40个获得惠普公司颁发的LIFE奖金（Learning Initiative for Entrepreneurship）的单位之一，该奖项是为表彰积极有效地开展培养学生自主创业精神的各项活动的学校而设的。

因其实施了诸多创新性的教学计划和教育方式，卡纳塔克邦女子大学在2010年获得国内多项殊荣。

卡纳塔克邦女子大学在2010年被邦内总理大臣阁下亲自表彰：它是在实践NSS（国家服务计划）表现最优秀的大学。学校的NSS负责部门十分活跃，在2010年11月和2011年12月，连续两年被邦内授予本邦最佳组织者奖。另外还有一个附属学院及多名教职员工、学生志愿者为NSS做出了贡献，共获得6个奖项。

卡纳塔克邦女子大学的学生，在泰国曼谷举行的"亚洲游戏大师"（The Asia Games for Masters）比赛中获奖。颁奖典礼是在由AIU组织的大学间文化交流会上举行的：学校的多名学生在新闻和大众传媒方面的国家级竞赛中赢得了冠军；学校板球队赢得了邦内板球比赛女子组的优胜奖，并晋级分区板球竞赛；越来越多的学生在NET考试中合格,有的学生获得了国家奖学金。卡纳塔克邦女子大学毕业生的就业率已经达到了较高的水平。

罗列这些成绩固然简单,但实际上大到每一个项目的开展,小到每一个实验室的动土修建,这一点一滴都是建立在巴丽和她同事们的辛苦努力之上的。从无到有,从少到多,一点点的积累促成了学校的飞速发展。一路走来尽管辛苦,巴丽仍然觉得这段经历非常可贵,"能在短短四年的任期内,提升这所女子大学的水平,赢得来自地区、全国乃至国际上的认可,是我特别欣慰的。我还成功并出色地实施了一些创新性项目,更好地维护了女性权益,赢得了当地民众的爱戴和信任。尽管我在刚接手学校、担任校长时,所处的环境比较艰苦,在农村及落后地区开展工作的过程中存在着资金短缺等诸多困难,但我仍然做出了以上成绩,这让我感到十分满意。而尤其让我感到高兴的是,众多的女性,特别是农村女性从学校的这些发展中获益了。"

巴丽说,作为一名女子大学的校长,她在请求邦政府官员给予学校行政和财政支持时,曾受到过很多阻碍。即使是这样一位能力出众、富有活力,并将一所女子大学管理得井井有条、蒸蒸日上的女校长,在与地方政府协商、为学校争取更多支持时,仍然感觉阻力重重。卡纳塔克邦女子大学虽然是接受邦内财政支持的大学,但是与其他的大学竞争以获取更多的资金也很困难,因为一所女子大学在地方政府官员的心中并没有得到足够的重视。而巴丽作为女子大学的校长,为了向政府争取到尽可能多的理解与支持,她所做的工作只会更加繁杂,肩上的责任只会更重,而取得的成果则更加来之不易。这让我面对这位时常面带微笑，用鼓励的眼光和话语去激励他人的女性更加佩服和尊重。作为女人，肩负着和男人相同甚至超出男人所承受范围的责任，她不仅从未抱怨、从未放弃，反而在历经风雨之后仍旧以乐观的姿态出现在我们面前，这是多么的难能可贵。

第三篇　塔瑞塔·麦汉代尔

一、塔瑞塔：美丽心灵　闪亮人生
二、塔瑞塔和她的英迪拉教育集团

塔瑞塔：美丽心灵 闪亮人生

> 天空虽不曾留下痕迹，但我已飞过。
>
> —— 泰戈尔

塔瑞塔·麦汉代尔（Tarita Mehendale）女士是一位集美貌和才智于一身的女性。她是一位美人，完全可以用动人或风姿绰约来形容：标准的杏仁眼，修长的眉毛，笑起来弯弯的，微扬的嘴角，高高的颧骨，虽然略微有些丰满，但并不给人臃肿的感觉，还多了一份成熟女性的韵味。她眼睛闪闪发亮，微笑时让人心情愉快，言语不多，却简单精辟，这和我之前的采访对象不太相同，虽然都是校长，但显然她们风格迥异。也许是由于性格和年龄的差异，我能够明显地感觉到，塔瑞塔人到中年，正处于事业的巅峰期，行事风格严谨，雷厉风行，她的身上拥有一种与她的美貌似乎不相称的坚毅，这使我对她充满了好奇。事实上，很难分辨是她所从事的事业和一路的艰辛曲折磨炼和锻造了她的性格，还是她固有的性格和品质成就了她所在的学校和她所热爱的事业。

对于女性来说，美貌固然重要，但要受人尊重，只做个漂亮的花瓶显然是不够的。虽然印度女性的地位很低，被认为处处不及男人，但聪明的女人还是会让男性刮目相看。塔瑞塔接受了比较完整的教育，拥有艺术学和法学学位，并于2011年在昌迪加尔被奇特卡拉大学授予管理学博士学位。塔瑞塔所受的教育丰富了她的内心，也帮助她明确了自己的人生目标，她说："我的学习经历无疑给了我很大的帮助，让我更加了解印度教育体系中的法律规则，并且也有利于我寻求一种更好的方式来解决我们组织内部的一些问题，对于我目前投身的教育事业也同样有益。"其实对于很多尚未开展事业或者说准备踏入一个新行业的人来说，最让他们感到心里没底的不是怕失败和遭遇挫折，而是他们不知道这潭水有多深以及自己的能力是否能够应对，这正如玩一个游戏却不知道游戏规则，到一个陌生的城市却语言不通一样。对塔瑞塔来说也是如此，一般来说，学艺术的人往往偏向理想化，而学法律的人又有着一种人道主义的社会责任感，塔瑞塔正是结合了这两种特质。她了解这个国家，热爱这个国家，所以她选择了做公益，进而又选择了从事教育。

　　印度作为一个文明古国，宗教法是它现存法律体系的基础，后来印度又经历了殖民地时期，因此受西方法律体系的影响也很大，加上处于比较松散的国家体制下，印度的法律体系——大到国家宪法、各邦的法律，小到不断更新和完善的法律条例——详细而庞大。在教育方面，独立后的印度制定了完善的印度宪法，它成为印度现代教育的根本大法。接下来，印度又颁布了多项法律来完善印度的教育法律体系，例如于1956年颁布的《大学拨款委员会法》中明确了高等学校教育经费的拨款机制。这使印度的高校运行取得了一定的"自治"权,从而避免受到政府过多的行政干涉。中央和各邦的高校随后也借鉴英国伦敦大学纳附制的组织模式,制定了各自的大学法律。1973年的《印度北方邦大学法》还率先从法律上确立了用自治学院进一步代替纳附学院的新型大学模式。经过这几十年的不断发展,目前印度的高校数量已位居世界第一,总体学术水平在世界上也已处于中上游水平。[①]

在求学阶段做足了充分准备,了解了行业规则之后,塔瑞塔面临的困难少了很多。她知道如何在现有的空间中适当地运作,如何减少政策的限制,如何在有限的空间里获取最多的支持。

我本以为这一切都是她事先做好的职业规划,没想到她给了我一个令人惊讶的回复,"我从未给自己的职业生涯做规划,也从未给自己设立明确的目标。"我总以为成功人士都是知己知彼的人,他们之所以能够成功就是因为比常人了解自己,比常人了解对手,因此能提前规划、未雨绸缪,从而灵活自如地应对一切,而塔瑞塔的答案却令我不解。"但是我确实总是倾听自己的心声,随心而动,任它带领我前进,带我走向任何地方。"当我听到这句话的时候,我似乎有一点点相信"命运"了,可能冥冥中一个人的人生道路已经注定了,他所做的只是等待那条船的到来然后及时地踏上去顺流而下,计划赶不上变化,规划得太多往往会缩小自己的世界。"这种信念带给我无尽的优势,让我尽可能地扬长避短,在自己所热爱且擅长的领域发光发热。我对自己的职业发展极其满意,并且我也充满信心,相信我未来的职业之路一定会走得更远更长。"我终于了解了塔瑞塔所

---

① 参见李俊飞:《印度教育法制的发展简史及其评述》,《教育史研究》2004年第3期。

说的"随心而动"是什么意思了，就是"兴趣是最好的导师"。一个人也许没有长远的计划，但是只要她知道当下的每一步应该如何去走，在这个信念的指引下，她就可以将一切不可能变成可能，可以用每一个踏实的脚印连成一条清晰的路。没有计划没关系，没有想法没关系，只要有兴趣有信念，"随心而动"也能成功。这种理念供所有的女性共勉，要学会利用女性强烈的"第六感"，扬长避短，另辟蹊径。

作为一个庞大的教育集团的领导者，强大的个人魅力是必不可少的，塔瑞塔的身上具备了很多让人着迷的优点：首先，她是一名优秀的演说家，她因自由、坦率和无畏地表达自我观点的风格而著名。她身上有着艺术家的奔放，她的语言常常不拘小节，时不时就会蹦出很美妙的词句。在我们交谈时，她总能把握住大局，言简意赅地表达出自己的意思。一开始我还有点不太适应，作为采访者毕竟还是希望采访对象能够健谈一些，这样才有充足的资料去了解这个人物，但后来通过我们的邮件往来，我发现她的每句话都可以细细品味，可以延展出很大的空间。她的言论曾经被汇集起来并出版成《伟大女性的伟大话语》一书。2009年2月，她写作并出版了《领导者的耳语》，该书主要谈论领导艺术和领导人的特征，可见塔瑞塔在这方面有足够的能力。她有着西方人的生活理念，热爱工作更热爱生活，她喜欢到处旅游，已经游览了世界上大多数国家。作为一个领导者，没有远见肯定是不行的，她的眼界一定要宽广才能为她的团队找好定位，这让我想起电影《中国合伙人》里的故事："新梦想"学校从一个肯德基里的小小补习班起步，虽然他们的学生能以让美国人大跌眼镜的成绩考入美国高校，但是要将其做成一个在国际上也受到认可、受到尊重的品牌,还需要一个宽广的平台。电影里"新梦想"跨出的这一步就是在纽约上市,如果没有它的领导者走出中国、到美国去体验的经历,"新梦想"也许就不会有这样一个突破的机遇。塔瑞塔的学校是一所私立学校,身为这所学校的精神领袖和指南针,塔瑞塔必须看看外面的世界,自己去寻找机会,吸取经验,才能把这个学校办好。

塔瑞塔有着火热的心肠和强烈的社会责任感,她的多数闲暇时间都奉献给了弱势群体和慈善事业。虽然她在工作上非常果敢,对自己的要求很高,但在家里她是一名宠爱孩子的母亲,她和大多数女性一样关心自己的孩子,同时她还风趣幽默、温柔慈爱、务实勤奋。用中国的古话来说就是一个"上得厅堂,入得厨房"的女人。

在投身教育事业之前,她一直为了社会事业而不停奔走。她曾为社区福利、基础设施建设等方面的工作做出过杰出贡献,而现在,她投身教育事业,也没有忘记自己的使命,可以说,教育是她投身公益的一种方式。她原来的工作是通过社区网络来提供就业信息和就业机会,这种工作经历和经验也促使她决定:为了给社会创造更大的利益,她要将教育作为她接下来的事业。只有提高人们的受教育水平,才能从根本上解决就业难的问题,因此她承担起这份责任,充分发挥自身的组织能力和领导能力,创建了以提供终生教育和面向市场化教育为目的的教育机构。她在自己的工作领域所获得的成就受到世人瞩目,这种影响力还延伸到迪拜和曼谷。塔瑞塔的胸怀不止于此,除了社区工作之外,她还始终特别关注全人类的公平和公正,并身体力行地为保证所有公民的平等权利做出实际行动,她曾经参加联合国在2009年6月举行的一个主题为"基本人权"

的国际研讨会。

当说到具体是什么激励她最终决定投身于印度的教育事业时，塔瑞塔说："当我认识到教育是一切事物发展的源泉，并且意识到教育是制约印度社会进步的最根本的因素的时候，我就发誓要为国家的教育事业做出贡献，哪怕是微小的贡献。"在基层工作过相当长的一段时间之后，塔瑞塔对于教育有了更深的认识，她意识到教育对于国家发展和人类进步的重要性，终于决定自己要亲身试验一次了。

如果单纯地认为投身教育就是当老师或者做研究，那么你就错了。现代教育行业和其他行业一样，优秀的学生是它的产品，好的基础设施和师资条件是生产力，当老师或做研究只是庞大而复杂的教育系统的一个环节而已。要想运转这样一个巨大的机器，最核心的是调动一切生产力的主观能动性，而这个艰巨任务的承担者就是它的管理层——只有高效、目标明确、决策果断的领导者才能够带领团队不断前进。塔瑞塔要做的是自己办一所学校！也许你会有疑问：个人怎么办学校？难道像《中国合伙人》里面的成东青一样办一所英语培训学校吗？即使如此，在印度创建一所什么样的学校才会被学生承认呢？

实际上，在印度创建一所学校比在中国要容易。在印度，教育行业保留了西式特色，尤其是高等教育，这和我们国家的情况是截然不同的。印度高等教育系统的规模十分庞大而且构成非常复杂：有大学也有学院，有公办学校也有私立学校；既有正规注册过的教育机构，也有许多非正规的教育机构；既有很古老的延续传统办学模式的大学，也有很多新型的高等学校。印度的大学均为中央和各邦政府主办的公立大学：德里大学、孟买大学、加尔各答大学、尼赫鲁大学等18所中央直属的大学，经国家法律认定的和大学同等级别的6所印度理工学院以及各邦所属的186所大学。然而这些公立大学对于印度庞大的人口总数来说是远远不够的，印度大部分的学生都被私立高等教育机构接收。这些学院都是由类似宗教组织、种姓集团、文化机构、私人企业以及家族、慈善团体等机构筹办并且由私人机构管理的。这些私立高等教育机构大致分为两种情况：一种是以大学的附属私立学院为主的机构，它们大部分是接受政府经费资助的，被称为受援机构；另一种不接受政府的经费资助，叫做私立无援机构。目前，在私立高等教育机构中就读的43%的学生，也就是印度所有在读大学生的30%都在这些私立无援机构注册，这些大学不接受任何的政府方面的经费资助，当然也不受政府管束，它们完全依靠慈善机构捐赠，以收取学费的方式办学，大部分学校归属于获取利润的家族，属于自营自收。这其中少量的私立大学经中央政府或各邦政府批准，拥有学位授予权。

这一现象的最终形成和印度独特的历史有关。印度独立后，为了尽快发展国民经济，国家在大力发展国营经济的同时，允许私人经济的存在和发展。于是，公立和私立的高等教育机构也同时得到发展，但由于资源调配的不便，公立院校以及私立的公助院校在机构规模和学生规模增长方面的空间和幅度很小，因此印度高等教育在数量方面的发展壮大主要依靠各类私立高等学校的建立，私立的高等教育机构因规模小运行方便而发展得比公立院校更快。随着经济的发展，印度巨大的人口数量造成高等教育需求不断增长，这给印度高等教育带来了巨大压力，光靠公立高等教育机构无法满足这一需求，这就成为印度私立高等教育机构获得大力发展的重要契机。2002年至2007年年度印度规划委员会的报告显示，就读于私立高等教育机构的在校生人数从之前占全印度高等教育在校生总数的1/3增加到了一半以上，而且这种增长趋势还在继续。正是有了私立教育的极大繁荣和发展，印度的高等教育才能一直呈现出突飞猛进的趋势，从1950年至1951年年度仅有30所大学、750所学院、26.3万在校学生，发展到10年之后数量翻倍。之后又经过30多年的迅猛发展，到了1997年至1998年年度，印度大学的数量增加到229所，学院10,555所，与此同时在校学生人数猛增到707.8万。到了2003年至2004年年度，大学数量为303所，其中中央直属大学18所，邦属大学186所，大学和学院在校学生人数为880万。可以说，印度私立高等教育是印度高等教育迈向大众化的重要力量。

　　私立高等教育不仅与公立高等教育共同支撑着印度经济社会的发展，更对印度社会各个方面的发展都起到了非常重要的作用。私立高等教育的发展不仅弥补了公立教育机构数量上的不足，对印度高等教育体系的完善也有不可磨灭的功劳，二者在教育偏重上有着明显的分工：公立高等教育多偏重于文理学识的教育，缺乏应用学科；而私立高等教育偏重于职业技术的培养，正好弥补了这一不足，这使得印度的人才培养有了一个健全的模式，从而逐渐激发了整个系统的活力。特别是出现了一批善于改革创新的优秀私立高等院校，它们促进了新观念在整个教育体系中的产生与传播，为印度高等教育体系注入了一股新的活力。正是依靠这些年印度公、私立高等教育机构并驾齐驱所培养的大批创新型人才，印度社会经济和科学技术才得以迅猛发展。

1994年，塔瑞塔就已经意识到印度发展的关键在于为国民提供连续的教育，包括幼儿园、小学、中学和高等教育。因此，只要有资金，有准确的定位，和对政策的良好把握，在印度建立一所私立高校是完全可行的。于是她凭着这种坚定的决心，开办了一个教育机构：考低利耶教育协会（The Shree Chanakya Education Society）。该机构的开设改变了浦那[①]当地原有的教育状况，现在它的影响力几乎遍及整个印度。她对教育的纯粹热情在英迪拉里充分显现，如今她已带领英迪拉成为一个涉及多层次学习的教育机构：从幼儿园教育到完全成熟的商务高等院校。学生可以在其中学习商学、理学、工学和医学等，并可提供博士级别的研究生教育，学生可以获得MBA以及其他相应的文凭、学历。英迪拉拥有13个机构以提供先进的知识教育，它已经将自身的经营规模从浦那扩展到印多尔（Indore）[②]和新孟买（Navi Mumbai），在这3个城市拥有超过8,000名学生，目前英迪拉在全国各地被公认为管理教育的先驱。

---

① 浦那（PUNE，实为PUNA）也译作鹏尼，是印度马哈拉施特拉邦的重要城市，市区人口约120万人。浦那位于德干高原西部，距孟买东南方约100公里，位于穆拉河与穆塔河的汇流处。该城在近代以前曾为马拉塔王国首都，现为轻、重工业和交通中心。
② 印多尔，印度中央邦西南部城市，也是中央邦最大的城市，商业中心，坐落在萨罗斯瓦蒂和可汗河畔，由阿亚巴哈卡尔（Ahilyabai Holkar）王妃筹划和修建，其名称源于18世纪的印多什瓦庙。印多尔现已成为一个融合了历史传统与现代工业的繁荣都市。

印多尔风貌

新孟买风貌

实际上塔瑞塔能做到今天的成绩并不容易。虽然印度有着私人办学的传统，也有着相关政策法律的支持，但要开创一项事业，尤其是创办一所学校，这里面涉及的方方面面、大大小小的事务实在是数不胜数。因此，塔瑞塔面临的来自各个领域、各个阶段的挑战和问题也不胜枚举。而对于女性的偏见，则是塔瑞塔体会最深的："自从我开始投身于教育事业之后，我能感觉到女性往往是被认为无能、效率低下、无法承担巨大投资和项目的。由于这种封建思想的存在，我在发展这个教育组织，让它成长壮大的过程中，面临着很多的阻碍。"

尽管塔瑞塔本人受过高等教育，有良好的修养和学识，但要在一个传统观念根深蒂固的国家和社会中打破常规，甚至领导男性，还是会招致很多的不满。虽然面临如此多的困难，但是塔瑞塔还是一步步走过来了，她说之前的工作经历确实对她从事教育事业有很大的帮助。之前在企业工作，有助于塑造她的性格，让她在待人接物时更加自信。在男性主导的世界里，女性想取得成功，要灵活多变和善于沟通，这样才能争取到上场的机会。值得欣慰的是，在她坚持不懈的努力下，她在英迪拉的创建和发展的过程中，收获了很多理解和支持，这些都成为她不断前进的动力。

塔瑞塔和她的英迪拉教育集团

> 生命是永恒不断的创造,因为在它内部蕴含着过剩的精力,它不断流溢,越出时间和空间的界限,它不停地追求,以形形色色的形式表现出来。
>
> ——泰戈尔

考底利耶教育协会(Shree Chanakya Education Society's)和浦那英迪拉教育集团(Indira Group of Institutes, Pune)成立于1994年,该组织成立时有一个明确的愿景,就是为年轻的企业和企业家提供可以持续发展的动力。

塔瑞塔女士很有远见,她建成了这个致力于使人类掌握卓越的才能,融合各种技能,从而实现其强大的社会价值的教育机构。塔瑞塔一心一意地致力于将青年培养成为商业领袖,并将其教育机构命名为英迪拉教育集团(以下简称为"英迪拉")。

英迪拉拥有13个分支学院,包括管理学、信息技术、药学、商学、理学、工程学和大众传媒等专业。在多专业发展的同时,该集团也开展延续性教育。英迪拉目前能够提供从幼儿园到博士,各个阶段的教育服务,同时该集团拥有超过7个校园学区,分布在浦那、新孟买和印多尔,拥有的学生人数已接近9,000人,这些都使得英迪拉被公认为先进的国家教育机构。英迪拉国际远程教育学校和英迪拉国际商务学校是最近加入英迪拉家族的,它们能够向学生提供最先进的全球商业管理教育。

英迪拉校园

英迪拉下设13个专业性的院校,包括:

浦那英迪拉管理学院(INDIRA INSTITUTE OF MANAGEMENT, PUNE);英迪拉商学院(INDIRA SCHOOL OF BUSINESS STUDIES);英迪拉职业学院(INDIRA SCHOOL OF CAREER STUDIES);英迪拉传媒学院(INDIRA SCHOOL OF COMMUNICATION);英迪拉药学院(INDIRA COLLEGE OF PHARMACY);英迪拉商学院(INDIRA COLLEGE OF COMMERCE);英迪拉理学院(INDIRA COLLEGE OF SCIENCE);英迪拉工程管理学院(INDIRA COLLEGE OF ENGINEERING & MANAGEMENT);英迪拉外国语学院(INDIRA COLLEGE OF ENGLISH);英迪拉商务管理

学院（INDIRA COLLEGE OF BUSINESS MANAGEMENT）；英迪拉国际远程教育中心（INDIRA INTERNATIONAL DISTANCE EDUCATION ACADEMY）；英迪拉国际商务学院（INDIRA GLOBAL BUSINESS SCHOOL）；英迪拉职业专修学院（INDIRA SCHOOL OF CAREER DEVELOPMENT）。

英迪拉管理学院师生

　　从整体上看，英迪拉的专业设置似乎并不太有规律，和中国的一般大学相比，基础学科比较少，而这正是英迪拉的特色所在。印度的公立大学主要以社会科学为主，在学科设置上存在偏重，英迪拉则以培养管理和商业人才为主，因此学科设置的市场针对性特别强。英迪拉以管理专业见长，是印度最好的商业学校之一，设有IT专业，IT业是印度现在最火爆也是国家发展的支柱产业，其发展仅次于美国，虽然印度的各大学每年都培养大量的软件人才，但还是有很大的缺口。与之相关的传媒学院、外国语学院则是为了培养交流型人才和外语人才准备的。除此之外，英迪拉还专门下设了职业规划学院，为学生提供比较完善的职业规划，帮助他们顺利地从学校走上工作岗位。

英迪拉作为一个庞大的教育机构，如何交流集团的内部信息也是头等大事，因此英迪拉创办了自己的出版物：《苦行》（*Tapasya*）。这是一本季刊，它试图以一个特定主题下精辟的文章将事业、企业和行业信息带给读者。

"苦行"一词，梵文原意为"热"，因为印度的气候普

英迪拉创办的《苦行》

遍炎热，受热便成了虔诚的信徒们修行的主要手段。印度位于热带，每天大太阳直直地晒下来，像烤火一般，每天一早的气温就是三十六七摄氏度，到了中午能达到四十多摄氏度。有这样一个关于太阳的传说："公元1,500年前从欧洲迁居印度的雅利安人本来是白皮肤，这一点可以从人种学上得到考证。到了印度，在烈日整日的烘烤下，他们后代的皮肤大都逐渐变成了巧克力色。一些雅利安人与当地的妇女通婚后，他们后代的肤色就变成了棕黑色。"所以对印度人来说，如果能在大太阳中经受住考验，就几乎没什么苦难是战胜不了的。苦行僧现在一般比喻为实践某种信仰而实行自我节制、自我磨炼、拒绝物质和肉体的引诱，忍受恶劣环境压迫的人。这本杂志之所以叫这个名字，估计也是跟凤凰涅槃的意思有

关——为了一个共同的目标,大家一起努力,经历重重曲折和考验。这就像苦行僧在求佛的道路上举步维艰却不言放弃。求学的道路是艰辛的,有前辈的指引就像有神的召唤,只要坚持,就一定能取到真经。

另外一本杂志叫*I-VIEW*,是一个以社区为基础的新闻和功能杂志,由新闻学院的学员选定主题、设计、编辑和出版。英迪拉传媒学院的学员对杂志也有帮助,他们可以帮忙采访、写作、编辑,以及付印前的协调、协助。

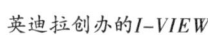

英迪拉创办的*I-VIEW*

*I-VIEW*翻译成中文也就是"我看",这让我想到中国一个很有名的媒体人出版的书——《我读》和《我执》。从文体风格上来看,*I-VIEW*显然更加轻松和多样化,从身边事出发发表个人观点,比较

注重实用性和社会批判性,这种刊物可以锻炼学生在生活中发现问题、解决问题的能力,也会让他们关心身边的大事小情,多一份对社会的责任感。

《英迪拉管理评论》是一本半年刊,它尝试不断地将工业、商业和服务行业的最新学术研究成果提供给相关部门,从而为印度企业效益的增长做贡献。目前,我们的世界已经进入以网络化和个性化为特征的后信息化时代,这区别于前信息时代以数字化和单机处理信息为主的模式。在某一领域中,信息技术得到一定程度的应用之后,会不断地与技术、组织和管理融合,逼迫着我们不断地适应全新的模式。全球商业景观不可能按照印度商业的模式来塑造,如果印度企业想在竞争激烈的市场中生存的话,决策不仅要迅速,而且要非常精确和有效。这一切的实现都需要在信息和知识的支持下才可以办到。

说到为什么要建立一个这样的教育组织,塔瑞塔有着自己的想法。"坦率地说,印度教育的核心竞争力在于,教师在学生的心目中是享有独特地位并且十分受尊重的。教师被认为是仅次于上帝的存在,被看作是印度教中的一种天神,教师是创造者、保护者和邪恶的驱逐者。因此,教师成为引领学生积极主动学习的核心。无独有偶,大

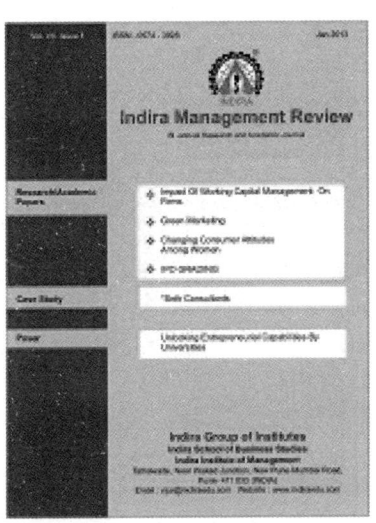

英迪拉创办的《英迪拉管理评论》

多数的印度人都极度信仰尊崇智慧女神，她在印度被认为是唯一给予人们知识的神灵。"因此，英迪拉聘请最好的老师以建设教师队伍，"我们的教师都是训练有素且经验丰富的，他们有着良好的学术能力和优秀的实践经验。英迪拉的管理委员会和学术委员会都是经过精心挑选的来自教育领域和企业界的杰出人才。"有了好的师资力量就确保了英迪拉的教育质量。

可是一所学校仅有好的师资队伍还是不够，教师是学生的引路人，但无法代替学生成为学习的主体，如果学生的兴趣不高或者资质太差，再好的老师恐怕也无能为力，但是幸好印度学生和中国学生有共同点：勤奋用功，而且很聪明。"以上说到的是教育核心竞争力的一方面，另一方面是，我们发现大多数的印度学生都对知识具有天生的好奇和渴望，他们努力寻求科研设备和机会，把他们所学到的知识用于实践。印度的学生具有终生学习的习惯和能力，他们善于吸收来自世界各地的知识，这是他们的优势。因此，具有奉献精神的教师团队和渴求知识的学生群体共同构成了最好的教育体系。当然，我们也知道自己还需要做出很多努力，才能真正将教育服务做到世界的顶峰。"塔瑞塔非常重视人才的培养，只要学生有强烈的求知欲，她就会为他们提供一切可能。

与印度其他传统大学相比，英迪拉在教学方面也有独特之处。塔瑞塔认为，在学习之前有更加重要的事，就是确立学生的自信。虽然印度政府每年对教育提供一定的补助，但对于很多家庭贫困的学生，尤其是边远地区的学生来说，接受高等教育还是会给家里带来很大的负担。塔瑞塔一开始就关注到这样的现象：在一些地区，人们由于没有文化找不到好工作就变得贫困，而一旦变得贫困就更没有机会接受好的教育，就业率就越来越低，这些地区就越来越贫困。塔瑞塔鼓励学生一定要对自己有信心，"印度青年们具备巨大的潜能，我们要提供条件让他们自己充分发掘并发挥出这些潜能。英迪拉的主要目标是培养学生拥有这样的自豪感和自信心，这些学生来自社会的各个阶层，这使他们能够在复杂多样的环境中有一个好的开始。"

在帮助学生树立自信的基础上，塔瑞塔开始让学生看到梦想转变为现实的可能性，"在英迪拉，我们推行的每一项活动，都是为了帮助学生将他们的愿望转换为行动，或者教他们学会制定完整、可行的计划。我们在全体成员的心中树立了一种态度，让他们坚信自己能够通过扩展自身的能力来达成目标和愿望。更新、更广阔的思维可以得到培养，集体的灵感能够自由地迸发，人们可以不断地通过学习来获得更高的成就。"

英迪拉的初始宗旨是为培养年轻人才和领袖提供综合性的、系统性的、延续性的教育，英迪拉在管理和教学方面有着自己的一套方法。"成就今天的英迪拉的，是我们各个组织理念与文化的协同配合。我们采用一套整体性的方法，将学生在身体、情感和社会实践方面的发展结合起来，并强调学生应具备坚实的学术基础。"

"英迪拉强调综合性学习，即不仅仅是学习课堂内容和书本知识。当然课堂内容和书本知识仍是各学科的主要学习内容，但我们坚持学生应该从校园活动中学习。这就是为什么我们要确保充足的时间用在校外教学活动上的原因，比如走访各企业，通过广泛参与一些活动来提升个人软实力,包括社会交往、角色扮演、体育健身、瑜伽学习等,以及与来自印度和国际上的各个领域里最好的演说家进行互动交流。我相信,知识并不仅仅只是学术、科研,更是一个人态度和行为的总和,是你从课堂内外所听、所见和所感知到的一切事物中思考和吸收的能力。为此,英迪拉经营的教育机构强调课堂内外的学习比例是24:7。我们让学生学习与他人建立良好的人际关系,学习好的交流技巧,并通过瑜伽和冥想等精神训练保障学生的身体和心理健康。"

塔瑞塔把综合性学习看得非常重要。她认为一个复合型的人才既要有扎实的文化基础,也要有良好的动手能力。尤其在当今信息技术时代,信息的价值远远大于知识本身。如何在人际交往以及各种活动当中寻找适当的机会运用所学知识,将知识转化为实际生产力,是至关重要的。英迪拉的老师们会教导学生如何在实践中运用知识,也会为他们提供这样的实践机会。

在学生的成绩评估方面,塔瑞塔的学校坚持综合评价。"我一直认为,评价一个学生,不应该只停留在书面考试上,因为书面考试是一种偏向于记忆型学习者的考核方法。这样的考核办法并不能促使学生们掌握和吸收教学内容,而只是促成了死记硬背式的学习。我的观点是,对学生的评价应建立在整体基础之上,这涉及他的总的人格特质,既包括沟通、社交、人际关系管理等个人软实力,又要看他参与科研项目时的表现,以及他通过实际应用、案例研究、产业互动以及实习等各个环节体现出来的能力。"

这种从职员到学生一以贯之的自信——实践的激励模式可以称得上是英迪拉的核心价值观。这是一种简单又质朴的理念，却是这个社会最本质的游戏法则，学生形成了这样一种学习习惯和良好心态，再加上一定的知识储备就不怕踏入不到最顶尖的社会阶层当中去。"英迪拉信奉个体的经济独立。在这方面，我们的目标是激励学生首先在印度的经济秩序中为自己创造出一片天地，然后在全球竞争中占据一席之地。"当学生在学校学会工作中的内容后，他们走出校门的那一刻心里就不会那么忐忑，也不会在进入工作环境后显得生涩稚嫩，这同样有助于他们在心理上尽快适应新的生活。

塔瑞塔本人的自信给了员工和学生无限的正能量，她的学校蒸蒸日上，显露出无限的生机。除了在教学工作上的自信，她的自信还体现在其他方面。例如，当我问到她，大多数的印度大学使用英语作为教学语言，这会对民族文化的多样性造成负面影响吗？她的回答是：把英语作为一门教学语言，对我们而言肯定是没有什么劣势的。使用英语有利于印度在世界上保持一个快速的、向前发展的势头。众所周知，印度在近两百年间出现了一些著名的作家、科学家、艺术家等，他们在各自的领域中为世界文明的发展做出了杰出的贡献，而如果印度不是选择了英语作为一种交流的语言，上述这些成就恐怕是无法达到的。事实上的确如此，印度的几个著名大学因为用英语教学且发表了较多得到世界公认的学术论文而排名靠前，如德里大学在世界排名第九位。正因为印度的大学教学质量高，所以大学毕业生在世界人才市场上有很强的竞争力，很容易在各国找到工作。同样，印度的大学用英语教学，与国际学术界接轨，再

英迪拉创新峰会(一)

英迪拉创新峰会(二)

加上印度又是东方文明古国,因而外国留学生很多。印度的大学重视普及英语,提高学生的英语水平,重视培养学生适应现代科技发展和国际交流所需要的素质,这为其他发展中国家发展自己的教育提供了一定的经验。中国的教育在英语普及上也花费了很大的功夫,但还是不够系统化,我们应当反思并改进教育方式,真正做到洋为中用。

在英语教育方面塔瑞塔的心态是很开放的,"就民族文化多样性而言,我们相信,除了我们国家的母语印地语,实际上英语已经成为维系这个多元文化国家的重要元素。"印度民族众多,语言复杂,据有关资料的统计,印度共有1,652种语言(方言),其中使用人数超过百万的达33种。如果没有一种统一的官方语言,反而不利于整个国家的团结。

由于培养的人才众多,英迪拉一直被公认为是印度最先进的企业和学术机构之一。他们十分注重在行业内的实践,英迪拉曾获得的"超级成就系列奖"(The Super Achievers Series),就是集团重视实践的一项证明,该奖项代表了印度社会对卓越的企业和企业家的认可。

塔瑞塔说:"我相信只有好的产品才能在市场上找到买家,我们机构教育质量的提升就是不断成长的证明。我们教育产品的设计目标在于为我们的学生提供最高质量的教育服务,这可以明显地从招聘单位对我们学生不断上升的需求和各评级机构不断提升的评价中看出来。我们的宗旨是确保我们教育质量的高水准,达到所有的指标要求,甚至超过他们的要求。走过十四年的发展旅程,我们收获了来自全国各地的认可,荣获了许多荣誉,这些奖项也敦促着我们去获取更高的成就。"

英迪拉被排名为浦那"Top 2 B-Schools（排名前两位的商学院）"，这来源于著名的 AIMA-IMJ 杂志。同样还是 AIMA-IMJ 杂志，将英迪拉排名为全印度前30名的与产业界互动良好的教育机构之一。英迪拉的学生取得了杰出的学术成果，并且达到了大学水平（University Ranking）。英迪拉与微软公司签订了校园协议，其学生能够使用不同的软件服务。在过去两年，印度商业报（Business India）将英迪拉排名为浦那的前三名。

英迪拉还收到了诸多认证机构的认可。英迪拉管理学院是马哈拉施特拉邦内第一所收到来自新德里的教育认证机构NBA认可的学院。2008年10月在孟买，英迪拉在德旺梅塔商学院的颁奖典礼上收获了14个奖项。

英迪拉的茁壮成长是塔瑞塔全部心血的结晶。谈到这些成就，她脸上露出了幸福的表情，而在那微笑后面我也能感受到她的辛苦。"早在1994年我就开始了从未停止的奋斗，那时我决定在浦那成立英迪拉，从最初的一个约90平方米的教室中的一个课堂开始。"一开始总是艰难的，看到今天英迪拉的规模，再想想当初那拮据的时期，真不知道回过头去重新再来是否还有这种勇气，但是塔瑞塔那时候肯定没有想那么多，每天看着学校一点点成长，一天天变好，这种喜悦早已把辛苦冲淡了。

英迪拉与微软等大型企业的合作仪式

"当我看到曾经播下的这个"小种子"成长为现在由14个独立学院组成、分布在5个校区、占据超过75英亩的面积,并且为来自印度各地的10,000多名学生提供高品质教育的庞大机构,而且这一切是在15年内完成的时候,我就感到非常骄傲。"塔瑞塔说,"我必须感激我团队里那些非常专业、敬业的员工们,是他们在理解并认同我的想法和观点后的真诚奉献,才促成了这一梦想最终实现。我们也由衷地感谢印度企业界始终与我们一起努力,许多著名的企业家都曾参观过我们学校,积极地分享他们渊博的知识和丰富的经验,这极大提升了我们学生的士气,为培养学生们的创业精神和创业能力做出了贡献。"

能够在一个庞大的教育集团里掌舵,号召这么多有才华有想法的人才在一起共事,塔瑞塔的管理理念是十分鲜明的:"我选择最好的人才放在我的团队里,并给予他们充分的信任和信心,鼓励他们做出有利于团队进步的各项重要决定。人才是我最重要的资产,要知道技术和物质资源是可能随时被替换的,但是人才却没有办法被替代,这才是可以提高商业效益的资源。"一个好的领导者不一定要样样精通,但一定要会聚拢人心,懂得尊重人才,给他们充分的空间去施展自己的才华,并且及时地予以鼓励和认可;在能力方面,可能不能面面俱到,但关键时刻冲上前去、从大局出发的人,一定是这个团队的主心骨。如果塔瑞塔也喜欢中国歌曲,我想她一定会喜欢那首《众人划桨开大船》:"一根筷子轻轻被折断,十双筷子牢牢抱成团。一个巴掌拍也拍不响,万人鼓掌声呀声震天。一加十十加百,百加千千万。你加我我加你,大家心相连。同舟么共济海让路,号子么一喊浪靠边。百舸么争流千帆进, 波涛在后岸在前。"

塔瑞塔卓越的领导能力让世人瞩目,也让她获得了行业内和社会上的认可与奖励:

在第16届孟买德旺梅塔商学院颁奖典礼上,她被授予"名人奖",《德干先驱报》授予其领导的英迪拉"最佳及最有远见学校奖";

在2011年2月12日和2012年6月30日在孟买塔亚地之涯酒店(Taj Lands End)举行的全国商学院颁奖典礼上,她获得了"思想领袖奖",同时在2011年2月10日的世界人力资源开发大会上被授予"教育杰出贡献奖";

2010年12月5日在斯里兰卡科伦坡举行的"制度建设"奖颁奖仪式上,塔瑞塔获得了"第一成就与领袖奖";

在2010年伦敦举行的全球人才管理颁奖典礼上,她被授予"卓越人才教育和培训奖";

2010年11月24日在第18届德旺梅塔商学院奖颁奖典礼上,她被授予"教育男爵夫人奖";

2012年学校颁奖典礼(一)

2012年学校颁奖典礼(二)

2010年7月23日在新达新加坡国际会议与博览中心举行的亚洲最佳的商学院颁奖典礼上,塔瑞塔被授予"霍尔名人堂"奖和"印度最伟大的品牌创建者"奖。2010年2月在DNA明星产业颁奖典礼上,她获得"商学院超级成就奖"。

但是对于这些奖项,塔瑞塔却看得不那么重。在她看来,"有数百名我的学生如今就职于印度以及国外的一些著名公司和机构,这是对我最大的奖励和鼓励。"

塔瑞塔年纪轻轻就取得了如此多的成就,但是她却并未因此而停下前进的脚步,她说:"现在并不是我为自己已取得的成就而骄傲的时候,我反而认为现在应该付出加倍的努力,争取在印度的教育领域留下不可磨灭的痕迹与影响力。"收获了如此多的荣誉之后,塔瑞塔没有迷失,她始终还记得当初的梦想:要把教育做成公益事业,要把教育当作一种推行公益的方式。

"我认为我在教育行业还有许多事可以做,当我觉得我在某一领域做完了我所能做的一切时,我就会适时地退出,开始新的工作。"从她的话中我可以感觉到她做教育的纯粹性,不为名,不为利,她始终秉持一颗赤诚的心,她的付出是不求回报的。

教育只是她做公益的一种方式。在她把教育作为参与社会服务的主要方式时,她也为那些被社会忽视的群体提供服务。英迪拉已经设立了一些服务组织,通过开展多方面、多渠道的援助,为保障社会弱势群体的福利而不懈努力,这其中包括对学生、残疾人、孤儿和老人等群体的帮助。同时她也一直关注着英迪拉学生的心理健康,她经常与瑜伽和印度灵性方面的专家进行会谈、展开讨论。

谈过自己的教育事业后，我不免要问她一些比较宏观的问题。我觉得关于这些问题，只有像她这样亲身体验过、经历过的人说出的答案才有分量，借用她的理念就是"实践出真知"。我问这些问题的目的有两个：一是进一步了解印度教育的前沿发展，二是为我国高等教育的发展找寻值得参考和借鉴的方案。

印度和中国在很多方面都是相似的：人口大国，历史悠久，目前都处于快速发展的阶段，是"金砖国家"的成员之一，教育对两国来说都是目前国家发展的关键部分，两国也共同面临着一些问题，例如教育需求得不到满足、教育水平低、经费不足、教育体系不健全、人才外流、教育资源不平衡等，在全球化的趋势下，两国有必要在教育问题上相互交流与合作，共同发展。塔瑞塔对我的想法很认同，她说，如果你知道现在印度民众对中国人有多么尊重和敬佩的话，你一定会很吃惊。这尊重和敬佩更多的是因为中国人民多年来所展现出的决心和毅力，以及那种克服一切困难的强大力量。我们不应该忘记，在历史上，印度和中国的学者及哲学家曾访问彼此的国家，互相汲取知识和灵感。如今，两国之间在教育领域的合作确实需要加强，因为两国目前都处在发展阶段，双方的这些合作有利于共同发展。

塔瑞塔并不认为目前中国和印度处于外交中的劣势，她更愿意把这一劣势看作优势，她说目前的国际形势对中国和印度来说都充满着希望，中国和印度的年轻人都非常勤奋、聪明，他们善于抓住机遇去创造奇迹，两国的年轻人在别的国家都能成为非常著名的工程师、科学家和商人就证明了两国年轻人的潜力。

近年来，印度的高等教育受到更多的关注和重视。当前激烈的国际竞争越来越取决于高等教育的发展程度和质量，印度独立后的历届政府对发展教育事业都非常关注，对教育给予最大程度的重视，在政府制定的每一个五年计划中，教育的发展都是其中的重要内容，而在国家的整个教育体系中，高等教育的发展是印度政府更加重视的层面。印度政府成立"大学委员会"，专门负责国家独立初期的高等教育的具体发展，还在1985年发表了掀起全国性大讨论的《教育的挑战》。次年，印度政府决定组建人力资源开发部。成立伊始，在全国广泛、深入、长时期讨论的基础上，印度政府颁布了《国家教育政策》，进一步明确了高等教育的基本目标和任务。正是在这份纲领性的文件中，印度政府提出了许多在今天来看仍然具有强大生命力的见解和思想，比如：人才是第一资源，教育产业是一项国家战略性的产业；教育是综合国力和国际竞争力的重要组成部分，培养人才是发展国家的重要战略支柱；经济的发展植根于教育的好坏，国家未来之根本就在教室的课堂上等。印度政府最近出台的宪法规定，"公民的基本权利包括受教育权，即使是来自贫困阶层的孩子，也有接受最好的教育的权利"。这项规定最近已经显现出一些成效，很多非特权阶层的孩子在印度政府的支持下，获得了进入精英名校就读的资格。印度政府正在逐步将教育的地位提高，这一努力是卓有成效的。

印度高等学府（一）

印度高等学府（二）

印度高等学府（三）

教育的发展非常必要,因为经济发展需要受教育水平与之相匹配的人才。独立后的印度面临着艰巨的经济建设和社会发展的任务,为了培养工业发展所需要的大量科技人才,国家在高等教育经费的投入、设立高校的审批程序等方面都有政策优惠,这极大地促进了高等教育的发展。除了政府投资和学生交纳的学费外,也有私人出于对高等教育的热心、对培养高级专门人才的关注等原因,对高等教育捐献了颇为可观的教育经费。印度的大财团常常资助优秀的学生出国深造,回国后吸纳他们为财团效力。人口问题是发展中国家的教育事业所面临的重要难题,尤其是国家稳定后人口迅速增长,这给教育提出了很多挑战。不光是高等教育的需求大,基础教育同样如此,这迫切需要政府加大教育投入,扩大教育规模。

印度高等教育的发展对于女性的社会形象和地位也产生了很大的影响,教育使得现代印度妇女从传统的屈从于男性的奴性封建时代脱离出来。印度妇女们在争取自己的平等权益中所表现出的坚持和努力,也证明了她们与最优秀的男性一样有能力,能够处理好商业业务、金融交易、政治事务等。今天,大量的女性在各个领域都占据着关键位置,这正是得益于她们受到的良好教育。

1947年印度独立后,接受高等教育的妇女所占比例逐年增加。女子入学率在稳步提高,女子大学和学院数量也在逐年增加,男女之间原本较大的差距逐渐减小。在专业选择的倾向上,女性从教育、医学等领域,逐步向以男性为主的工科、法律、农业等学科扩展,女研究生的数量也有了明显的增加。通过在高等院校的学习,印度妇女可以充分了解现代科学,掌握先进技术和文化。在许多领域中这些高级知识女性的作用开始显现出来。

与此同时，高等教育的发展也有利于加强印度民主政治的建设，通过大力发展高等教育，印度民众接受高等教育的人口数量不断增多，处于落后阶层的群体，也有了更多机会接受高等教育，这使得各阶层的人民对民主政治制度有了更深入的了解。

尽管印度的高等教育在短短几十年内有了巨大的进步，但作为发展中国家，和西方成熟的教育制度相比，印度的教育制度还是存在着诸多问题。目前仍旧需要通过不断努力将高等教育扩展到国家的各个角落，才能对印度整体的发展起到更加深远的影响。

谈到人才外流时，塔瑞塔并不回避，实际上她的学校培养出来的好多学生都非常抢手，印度现在缺口最大的一是商科人才，二是信息技术人才，这两类专业的学生还没毕业几乎就被抢光了，为了应对这一局面，印度政府也采取了很多措施。

印度人才流失的情况跟世界上所有的发展中国家是一样的，大学生们所学的知识与社会需求不能直接对应，加上国家无力提供有吸引力的就业机会来留住高级人才，这样就迫使相当一部分大学生尤其是优秀毕业生出国留学或到国外工作。人才外流给印度的经济发展、国际竞争力的提升带来了一定的负面影响。例如最顶尖的印度理工学院，誉载全球，学生质量堪称千里挑一。然而，多年来，该校毕业生基本都去了美国，相对差一些的也去了东南亚国家，留下任教的则大多是非重点院校毕业的"土博士"。辛辛苦苦培养出来的人才几乎都流失了。这引起了很多印度高校教育者的强烈反思，他们痛心疾首地说："在英国殖民时期，印度对外出口棉花，而现在输出工程师。"针对这一现象，印度政府也采取了相应的措施以力挽狂澜：2006 年，印度政府开始允许外资直接投入高等教育,让外国大学在印度设立分校;印度私立高等教育的发展也为学生提供了更多的、甚至一些更好的接受高等教育的机会,这在一定程度上减少了人才的外流。这样一来,对学生来说,由于在国内接受高等教育的机会增多,更多的人就会放弃去国外就读。而且去国外就读的费用是国内私立高校的很多倍,而国内新的私立院校中也有一些佼佼者,毕业生的就业前景很好,不用"洋学位"也能有很好的出路。不少私立高校与国外高校合作办学,联合培养学生,使学生付出较低的成本也能获得外国学位。这对学生来说不仅是一种巨大的便利,对教师队伍来说同样有很多好处:一些质量较好的私立院校在基础设施、对外交流机会和研究条件等方面不亚于公立院校,从而吸引了大量的优秀师资,一定程度上也抑制了人才外流。在中国,也有许多高校在逐步同国外高校建立合作关系,开展联合培养计划,或者派出交换生和学者互相学习交流。但是中国高校的开放尺度并不是很大,大部分学生因名额有限或者学费过高而选择留在国内。另外,好的人才无法得到应有的待遇和安置,人才得不到足够的尊重也是中国人才流失的重要原因。在这一点上,中国和印度都有很长的路要走。

印度和中国一样,都面临着教育公平的问题。这主要体现在两个方面:一是教育资源少,二是教育资源分配不均。前者是由于印度一直以来都奉行"精英教育"的理念,因此,受过高等教育的人才质量很高,但是数量太少。在高等教育大众化方面,印度还需努力,这是由其巨大的人口基数和贫富差距所致的。印度的高等学校分布不均,主要集中在城市地区。据统计,截至1983年,印度有123所综合大学,全部建在大中城市,各种类型的学院4,722个,85%设在大中城市，只有700余所设在小城市以及县城，全国重点大学几乎全部建于大城市。据有关数据显示，全印度四分之三以上的人口居住在农村地区，而城市地区的居住人口不到全国总人口的四分之一，悬殊的人口比例，却有着同样悬殊的教育资源数量。这种城乡和地区间的教育资源分布不均不仅会导致教育不公平，还有可能影响到社会整体的稳定和谐，使社会产生不稳定的因素。因此在教育上的投入对发展中国家来说是非常有必要的。

对于这种教育资源分布不均的现象，政府当然不能坐视不管。从2002年起，印度政府把工作重点放在解决教育公平的问题上，以期通过促进教育公平来提高入学率。2006年至2007年年度，经过印度政府五年的努力，从社会地位较低、经济条件较差的家庭走出的学生已占到学生入学总数的30%以上，印度高等教育大众化正在慢慢实现。

印度联邦政府依据《大学拨款委员会法案（2000年）》第三部分，给一些私立高校授予了"认可大学"（Deemed University）的称号，这些学校已经能够达到大学拨款委员会或者其他的一些针对性机构所设立的标准，能够享有和其他公立大学同等的待遇，这一举措给了很多私立高校希望，也在很大程度上促进了印度高等教育大众化的发展。塔瑞塔认为，这个国家正处在正确的发展轨道上，所以教育早已不仅仅是经济水平较高阶层的特权。直至今天，印度一些最好的领袖和首脑，都是从最卑微和贫困的境遇中成长起来的。这给印度人民带来了希望，即一个人的经济地位并没有那么重要，真正重要的是机遇对每一个人是平等的。作为一个学生，就要学会怎样去利用机会。塔瑞塔办教育的目的之一就是为地方提供人才,为地方经济发展提供推动力——这是基本标准。这些私有化的院校为政府和国家减轻了很多负担,使受教育的人数大大增多,尤其是为那些边远地区的人提供了改变命运的机会。

塔瑞塔说,其实印度已经具备了成为教育超级大国的潜质,"你看国外机构在印度开设大学以及与印度的大学进行合作的活跃程度,就是印度教育发展极具国际视野又颇具潜力的一个证明。我们拥有一些世界上最专业的学府,比如印度技术学院,这里有一批技术专家组织运营着世界上最好的科研机构,比如国家法律大学,我们还拥有在世界范围内都是很高比率的医学院,这甚至让一些发达国家都羡慕不已。而且近年来,印度大学里的一个反向留学潮很引人注意,许多外国学生都积极来印度的大学留学,攻读学位。这个国家已经让世界认识到了它在教育领域的潜力,但要成为世界教育的核心国家,还需要走很长的一段路程。这里仍有一些正面临争议、亟待解决的问题,比如大学的自主权、对外合作的许可度以及招生入学的标准水平等"。

塔瑞塔的担心是有必要的,教育发展的瓶颈一是资金,二是制度,而这一切都非一日之功,需要国家和政府不断摸索,不断改革。

印度的高等院校共分为五类:综合大学、准大学、国家重点学院、研究院、综合大学附属学院。这五类大学得到的拨款和资助程度是不同的。综合大学和准大学的全部费用都由大学拨款委员会承担,因而这些大学的学费很低,学生还能拿到国家提供的助学金。而其他大约3/4的私立的附属学院只能从各邦政府那里得到很少的经费与资金,其余学校的都要靠自己去拉赞助。印度教育经费的预算中，高等教育占了1/3，而这些经费当中的绝大部分都投入到了重点大学的建设中，其他的一些高校只能平分剩下的那部分，这导致了高校之间的差距很大，人才培养的质量也参差不齐。例如，政府下大力气创办的印度理工学院，早已成为世界一流的大学，印度的这类高校每年可向世界各国输出20万名IT人才，美国硅谷的精英很多都是印度人。《生活大爆炸》里面的几个超级科学家，就有一位是印度人，可以看出在实际生活中，印度向国外输出的人才比例有多大。但是这只是非常小的一部分，大部分的高校并没有这么好的发展模式。

同样，塔瑞塔也与我分享了她对中国高等教育的一些认识。虽然来中国的次数不多，但是她非常喜欢中国，这次来中国参加"世界大学女校长"论坛也让她受益匪浅，她说："中国已经定下了很高的目标，正在努力争取超级经济大国的地位，这一目标的实现，必须依靠那些受过良好教育的群体的帮助。令人欣慰的是，中国正在采取有效的策略来扶持教育，实现强国目标。例如，注重新一代年轻人对英语的学习这项举措是正确又很合时宜的，因为在我们今天所居住的地球村里，英语被大多数国家所使用。另外，中国在工程技术方面很有竞争力，这在其不断成长壮大的制造业中是显而易见的。我相信，中国的教育体系是走在正确的轨道上的。"

专注于她所认定的事，这是塔瑞塔给我最为深刻的印象，同她的美丽相比，这份执着和智慧毫不逊色，恰如其分地勾勒出她绚烂的人生轨迹，成就了英迪拉如今的辉煌。在一个女性社会地位普遍较低的国家，她很幸运地成为一个美丽的"大女人"，并将她全部的才能奉献给一方教育事业。此时，美国诗人弗罗斯特的名作《未选择的路》响彻耳际,心中不觉为之一振——

未选择的路

弗罗斯特【美】

黄色的树林里分出两条路,
可惜我不能同时去涉足,
我在那路口久久伫立,
我向着一条路极目望去,
直到它消失在丛林深处。

但我却选了另外一条路,
它荒草萋萋,十分幽寂,
显得诱人、更美丽,
虽然在这两条小路上,
都很少留下旅人的足迹,
虽然那天清晨落叶满地,
两条路都未经脚印污染。

呵,留下一条路等改日再见!
但我知道路径延绵无尽头,
恐怕我难以再回返。

也许多少年后在某个地方,
我将轻声叹息把往事回顾,
一片树林里分出两条路,
而我选了人迹更少的一条,
从此决定了我一生的道路。

参考文献

1. 〔美〕巴巴拉·伯恩等编著：《九国高等教育》，上海人民出版社1973年版。

2. 李俊飞：《印度教育法制的发展简史及其评述》，《教育史研究》2004年第3期。

3. 周采：《印度高等教育发展及其启示》，《南京师范大学学报（社科版）》2008年第2期。

4. 雷鸣、杨文武：《中国和印度高等教育体制比较》，《南亚研究季刊》2010年第2期。

5. 杨洪：《印度弱势群体：教育与政策》，人民出版社2011年版。

6. Sayyid Abul A'la Maududi: *Purdah and the Status of Women* [M], Markazi Maktaba Islami Publishers, 2006.

7. Suman Kaul: *Jammu and Kashmir Women Contribution in Post Independence* [M], Suman Publications, 2009.

8. Prem P, Bhalla: *Hindu Rites, Rituals, Customs & Traditions* [M], Hindoology Books, 2006.

9. R.C.Mishra: *Women Education* [M], APH Publishing Corporation, 2005.

10. Sandhya Sharma: *Literature, Culture and History in Mughal North India (1550-1800)* [J], The Jounal of Asian Studies, 2011.

11. S.C.Panigrahi, Ashutosh Biswal: *Teacher Education* [M], APH Publishing Corporation, 2012.

12. Padmini Swaminathan: *Women and Work* [C].Orient Blackswan Private Limited, 2012.

13. Zainab Alwani: *Muslim Women and Global Challenges* [M], Genuine Publications, 2012.

14. Tavleen Singh: *Durbar* [M], Hachette Book Publishing India, 2012.

15. Geetha B.Nambissan, Srinivasa Rao: *Sociology of Education in India: Changing Contous and Emerging Concerns* [C], Oxford University Press, 2013.

后 记

每个人对于自己的成功都有一肚子的苦水要吐,而一旦能够将过往的苦难幻化成风,在回忆时轻描淡写、一笔带过的人,便注定会在日后赢得更多的掌声和尊重。采访中,几位校长仿佛约好了似的,更多地谈到了她们作为一名高等学府管理者的成绩和引以为豪的教学、科研生涯,而对其间的艰辛和困惑甚少提及。我曾一度为此惴惴不安,生怕是因为采访不够深入或者受访者对我不够信任,后来我慢慢发现,这恰恰是印度国民性格中坚韧、乐观、随性、自然的体现。在印度人内心,对希望和光明的笃信总能驱走对黑暗的恐惧,珍惜生命的给予早已代替了喋喋不休地抱怨和自怨自艾,如同在印度象征着一切美好理想的国花莲花一般,生命的价值在于对光明的追求。

在整个采访和写作的过程中,我能够深切地感受到来自不同地域的文化碰撞和个体的差异,中国和印度虽同为拥有悠久历史的文明古国,但从整体上看却各具风貌,而我采访的几位女校长也风格迥异。然而,抛却人生经历、性格禀赋的差异,她们对于教育事业抱有的热忱是相同的，她们在女性通过接受平等教育获得自我解放上可谓惺惺相惜，她们娓娓道来的都是一个个完美的故事，她们也都拥有与生俱来的魄力、自信、进取心以及勇于承担责任和压力的领导者气质，因而能够在各自的故事中一次次带给我震撼和感动。在这里，我要感谢本套丛书的总策划人、中国传媒大学名誉校长刘继南教授，在她的信任、鼓励和支持下，我得以通过世界大学女校长论坛结识这几位来自印度的卓越女性，并且将她们生命中的精彩片段连同她们国家的社会、经济、政治、文化和教育状况奉献给中国的读者。是由于刘继南教授的努力和坚持，我们才得以看到了来自异域的智慧之光以及传播这一切正能量的意义和价值。我也要感谢本书的责任编辑曾婧娴女士，她在本书最后的出版阶段做了大量耐心细致的指点与校正，其严谨与敬业令我感动。我还要感谢刘靖轩、王文竹、杨瑞等人，他们在信息收集、采访、资料翻译等方面做了大量的基础工作。

  21世纪是信息时代，而信息经济是知识经济的重要组成部分，这意味着未来经济的发展将越来越依靠科技进步，各国之间的竞争归根到底将是科技和人才的竞争。在知识经济时代，中国、印度以及其他发展中国家都面临着实现现代化和信息化的双重任务，我们也必将通过发展高等教育、提高国民的整体教育水平来积极应对知识经济带来的前所未有的挑战。这注定是一条不平坦的路，但充满理想的人总能不畏其远、其长而奋力地求索。谨以此书，献给执着于梦想并为之不断前行的人们！

图书在版编目(CIP)数据

印度大学女校长/郑丹琪著. —北京:中国传媒大学出版社,2016.11
ISBN 978-7-5657-1837-3

(世界女子高等教育及大学女校长研究)

Ⅰ. ①印… Ⅱ. ①郑…
Ⅲ. ①高等学校－女性－校长－人物研究－印度－现代
Ⅳ. ①K833.515.46

中国版本图书馆 CIP 数据核字(2016)第 235810 号

印度大学女校长
YINDU DAXUE NVXIAOZHANG

著　　者	郑丹琪	
责任编辑	曾婧娴　司马兰	
责任印制	曹　辉	
封扉设计	创意源文化艺术	
出版发行	中国传媒大学出版社	
社　　址	北京市朝阳区定福庄东街1号　邮编:100024	
电　　话	86—10—65450528　65450532　传真:65779405	
网　　址	http://www.cucp.com.cn	
经　　销	全国新华书店	
印　　刷	北京艺堂印刷有限公司	
开　　本	670mm×970mm　1/16	
成品尺寸	155mm×235mm	
印　　张	12.75	
字　　数	160千字	
版　　次	2016年11月第1版　2016年11月第1次印刷	
书　　号	ISBN 978-7-5657-1837-3/K・1837　定价 58.00元	

版权所有　翻印必究　印装错误　负责调换

国家出版基金项目　教育部人文社科重大委托项目

探寻世界女子高等教育的发展轨迹　展现大学女校长的治校理念与风采

"世界大学女校长　女子大学"丛书

总顾问　陈至立　主编　刘继南

丛书涉及23个国家的女子高等教育　34个国家80余位大学女校长

吴贻芳——金陵女子大学校长	朱迪斯·甘丽雅——新西兰梅西大学校长
谢希德——复旦大学校长	朱迪斯·伍兹沃斯——加拿大康考迪亚大学校长
常沙娜——中央工艺美术学院院长	朱慧琼——津巴布韦非洲女子大学董事长
庞瑶琳——北京化工学院院长	
陈乃芳——北京外国语大学校长	澳大利亚大学女校长
回春茹　张礼玺——中华女子学院院长	大学女书记们
山红红——中国石油大学校长	大学女校长们
胡大白——黄河科技学院院长	俄罗斯大学女校长
秦　和——吉林华桥外国语学院院长	法国大学女校长
包德明——台湾铭传大学校长	非洲大学女校长
钟期荣——香港树仁大学校长	芬兰大学女校长
成嘉玲——台湾世新大学校长	韩国大学女校长
	美国常春藤大学女校长
阿丽扎·申哈——以色列厄梅克学院院长	美国五姐妹女子学院校长
戴·叶布瑞——澳大利亚麦考瑞大学校长	塞尔维亚大学女校长
居尔松·萨拉莫——伊斯坦布尔科技大学校长	意大利大学女校长
杰奎琳·里博格特——美国埃莫森学院校长	印度大学女校长
克里斯汀——冰岛大学校长	英国大学女校长
坤仁·苏查达·吉拉南——泰国朱拉隆功大学校长	中国大学女校长
玛利亚·埃莱娜·纳扎雷——葡萄牙阿威罗大学校长	
玛娜娜·萨那泽——格鲁吉亚大学校长	世界女子大学
玛维琳娜·秀茨——美国迪拉德大学校长	美国女子大学
曼珠·米舍尔——尼泊尔新闻与大众传播学院院长	韩国女子大学
英格瑞德·莫西斯——澳大利亚新英格兰大学校长	日本女子大学
朴东顺——韩国东西大学校长	中国女子高等教育
水田宗子——日本城西大学校长	
张蕴礼——夏威夷大学希罗分校校长	智慧的靓影——世界大学女校长论坛图文集锦

爱读@传媒人的知识库
（For IOS）

微信关注我们

访问我们的主页

丛书相关资源和中国传媒大学出版社信息　网站下载 http://www.cucp.com.cn
世界大学女校长论坛及丛书信息　网站下载 http://lady.163.com/special/sense/nvxiaozhang.html